LEO FARACHE

El arte de comunicar
Manual de uso del lenguaje positivo

ALMUZARA

EDITORIAL ALMUZARA • DESARROLLO PERSONAL

Director editorial: ANTONIO E. CUESTA LÓPEZ
Editora: ÁNGELES LÓPEZ
Diseño y maquetación: JOAQUÍN TREVIÑO
Ilustraciones de BLANCA TULLEUDA-DIBU2PIA
www.editorialalmuzara.com
pedidos@almuzaralibros.com - info@almuzaralibros.com

Imprime: GRÁFICAS LA PAZ

ISBN: 978-84-17797-27-0
Depósito Legal: CO-407-2019
Hecho e impreso en España - *Made and printed in Spain*

No es en la fortuna donde se encuentran la felicidad o la desgracia.

Son los actos de virtud los que deciden soberanamente la felicidad.

Entre todos los hábitos virtuosos, los que hacen más honor al hombre son también los más duraderos.

La virtud de la comunicación buena y saludable permite vivir bien y hacer el bien, ambos sinónimos del ser dichoso.

Adaptado de *Ética a Nicómaco*, de ARISTÓTELES.
Espero que Aristóteles estuviera de acuerdo con esta adaptación.

Dedicatorias

Este libro se lo dedico a Blanca, mi hija. Una joven de 20 años, divertida, risueña, con la que disfruto mucho. Vivo con la esperanza de que haga de la capacidad comunicativa una de sus grandes aliadas. Ya me ha ofrecido muchas enseñanzas, está en el buen camino.

Con todo el cariño y la admiración del mundo está dedicado a David y Alfonso —mis hijos— que han conseguido, siendo jóvenes, ser unos excelentes socios de la comunicación.

También a mi madre, Pamela —que tanto echo de menos— y a mi mujer, Virginia. Dos *pedazo* de mujeres a las que quiero mucho. Y a mi padre, Alfredo, con quien desearía haber tenido más conversaciones que seguro que hubiéramos disfrutado mucho. A pesar de que tuvimos algún déficit de diálogo han sido muchas frases y pensamientos los que he interiorizado gracias a él.

A tantas personas con las que he compartido momentos de conversación apasionantes que nos han hecho sentirnos bien, con los que he diseñado sueños —algunos de ellos transformados después en realidad—. Ninguno de esos momentos hubiera sido posible sin la comunicación.

A cada lágrima (muchas) que he derramado por las historias que me han contado, que he visto, que he compartido... Son lágrimas de felicidad, producto de la buena comunicación.

A Félix Muñoz, al que debo toneladas de inspiración. Estuve atento a lo que me dijo cada vez que almorzamos o cenamos. Querido Félix, me has regalado tanto que creo que no tendré tiempo ni conocimiento suficiente para devolverte una pequeña parte de lo que me diste.

Dedico este libro a dos personas que quiero mucho que decidieron separar sus vidas después de unas tres décadas de convivencia. La separación les hizo distanciarse y sentir, a ambos, que la razón le acompañaba al uno y la mala intención al otro. Intenté mediar y hubo resultado positivo de inmediato. Uno de ellos, en nombre de los dos, resumió, en una frase, su conflicto, que tanto les afectaba a ellos y a sus hijos: «Es solo un problema de comunicación».

Gracias…

Gracias por interesarte por este libro. Más aun si lo has comprado e incluso más si lo vas a compartir.

En este libro te presento una nueva, divertida, excitante y productiva tarea para el resto de tu vida. Espero que estés dispuesto a aceptarla y que su práctica te depare buenos momentos y grandes frutos.

Pretendo invitarte a poner en valor tu herramienta más potente: la comunicación. Quiero advertirte (por si aún estás a tiempo de devolver el libro) que te hará falta una buena dosis de concentración, generosidad y práctica. Si no estás dispuesto a aportar estos tres elementos, quizás sea mejor que me abandones ahora cuando todavía no has tenido tiempo para enfadarte conmigo.

Encontrarás ideas y relatos que tienen como objetivo colaborar contigo a la hora de cambiar o mejorar algunos hábitos que nos conducen por el camino de la indiferencia y de la apatía.

Ojalá que así sea.

Índice

PARTE 1.

INTERIORIZAR TU PAPEL DE COMUNICADOR

1.
Declaración de principios

Principio de importancia de la comunicación en las relaciones interpersonales

La mayoría de los problemas (no todos) surgidos entre cónyuges, jefes y subordinados, profesores y sus alumnos, madres, padres e hijos, políticos y ciudadanos, médicos y pacientes, marcas y usuarios tienen que ver con la comunicación.

Si aprendiéramos a comunicar lo que pensamos o sentimos mejor, evitaríamos gran parte de los problemas que estropean nuestras relaciones con otras personas, conseguiríamos aumentar nuestra buena influencia y obtendríamos resultados positivos.

La comunicación es una potente herramienta que genera ventajas competitivas diferenciales y sostenibles en las relaciones con nuestro entorno que se trasladan a nuestra persona.

Principio de importancia de la comunicación en las relaciones intrapersonales

La mayor parte de las insatisfacciones, sinsabores, ansiedades que nos abruman son de carácter subjetivo. Son insatisfacciones inventadas, caprichosas y envidiosas que tienen su origen en una deficiente comunicación interior.

Si aprendiéramos a comunicar mejor, viviríamos con mayor serenidad, disfrutando de cada momento, evitando perder el tiempo en conversaciones interiores destructivas. Si supiéramos comunicar mejor, nuestra mente estaría en posición de diseñar y construir. Sabríamos dominarla y ejercitarla.

Principio de vida

En la sencillez está la inteligencia.
El ser humano se complica, con frecuencia, innecesariamente la vida. Es, a veces, bastante estúpido[1].
Al ser humano, para ser feliz le hace falta lo básico:

- Comer.
- Dormir.
- Llevarse bien con otros[2].
- Llevarse bien consigo mismo[3].

Principio de la importancia de la comunicación para el verdadero progreso social

Muchos de los problemas individuales —de relación con los demás, estabilidad emocional y felicidad— tienen que ver con la comunicación.
Una mejora de la comunicación facilitará el acceso de las personas a nuevas actitudes y una visión diferente de la vida que incluirá mayor:

- Generosidad.
- Empatía.
- Alegría, optimismo y humor.
- Resolución de conflictos.
- Sinceridad y pasión.

Una mayor calidad comunicativa en la sociedad facilitará que progresemos ante los retos más importantes que, como seres humanos, afrontamos.

---

[1] «Estúpido» según la versión de Cipolla, significa que se hace daño a sí mismo mientras también hace daño a los demás.

[2] Eric Fromm menciona como fuente de infelicidad la *separatidad* y Martin Seligman sugiere que uno de los básicos para sentirse feliz es tener buenas relaciones afectivas. Me pregunto: ¿cómo pueden conseguirse buenas relaciones afectivas sin buena comunicación?

[3] Llevarse bien con uno mismo es serenidad. Llevarse bien con uno mismo es bien-estar. Llevarse bien con uno mismo es comunicar bien interiormente.

2.
Una introducción

La creciente importancia de la comunicación

Eva[4]: «...Uno de los terrones que le tiré le dio detrás de la oreja y entonces usó el lenguaje [...]. Cuando descubrí que podía hablar sentí un renovado interés por él, pues me encanta hablar, hablo todo el día incluso en sueños, y soy muy interesante, pero si tuviera a otro a quien hablar sería doblemente interesante y jamás pararía, si así lo desease».

Que la comunicación sea cada vez más importante en todos los órdenes de la vida es un síntoma de progreso, aunque algunas veces pueda parecer lo contrario.

La calidad y sofisticación de la comunicación son dos características que pueden distinguir a los humanos del resto de seres vivos. 'Puede distinguir' significa que los humanos inteligentes hacen uso de esta habilidad, mientras que otros —los humanos no inteligentes— a pesar de contar con esa capacidad, la mantienen ociosa, inactiva.

Eres un ser humano, y el ser humano es el único que puede hablar para calmar al airado, animar al abatido, estimular al cobarde y decir «te amo» y hacer sentir el más profundo amor a través de sus palabras y sus gestos[5].

---

[4] *Diario de Adán y Eva*, de Mark Twain.

[5] Adaptado de un mensaje de los llamados virales, que vuelan de ordenador en ordenador, recibido por correo electrónico. Posteriormente he visto que esta misma frase se ha utilizado en muchas presentaciones, incluso en libros, pero no he sido capaz de encontrar al autor original.

Vivimos tiempos en los que los avances científicos combinan complejas investigaciones con otros conocimientos no tan complejos, en cierta medida no tan nuevos, pero no por ello menos importantes ni impactantes.

En la última década y media hemos vuelto a redescubrir algo que ya sabíamos (o deberíamos saber) desde hace siglos. Ahora lo sabemos con mayor base científica, pero esencialmente es lo mismo: pensar bien nos proporciona una vida plena y mejor, nos convierte en seres más productivos y felices. Es la corriente del pensamiento positivo. Miles de conferenciantes en todo el mundo, miles de escritores consiguen convencer —al menos durante unos minutos— a sus audiencias para estimularlas a mirar con otros ojos, con otros pensamientos, la misma realidad.

En estos últimos años hemos profundizado en el conocimiento sobre la capacidad que tiene el autoestímulo positivo, las ganas de vivir, de colaborar definitivamente en la cura de enfermedades que se antojan, inicialmente, definitivas, terminales. El cáncer se cura con tratamientos como la quimioterapia, que combinados con una actitud positiva mejoran su rendimiento.

Una persona no puede vivir una vida plena si no es capaz de comunicarse bien consigo misma.

Hoy sabemos —y aun así no lo ponemos suficientemente en práctica— que los alumnos se desenganchan rápidamente de lo que el profesor dice en función de cómo lo diga. Sabemos que el denominador común de los buenos profesores es que sean buenos comunicadores.

Somos conscientes de que los profesores tienen el reto de vencer todas las distracciones que se le presentan al alumno (es cierto que hoy son más que nunca) y crear una relación con el alumno que le permita ir descubriendo y potenciando sus talentos. Sabemos que un profesor debe saberse su asignatura, así como transmitir buenos valores, pero no conseguirá nada de eso si no es capaz de romper la barrera de la indiferencia, del desinterés. Su herramienta, su aliada más potente, es la comunicación.

Los médicos conocen de forma empírica (aunque parece que algunos se niegan a comprenderlo) que sus palabras pueden curar. Más de una de cada cuatro consultas que se reciben en las clínicas de atención primaria pueden ser solucionadas, sencillamente, con palabras de ánimo, de afecto, de empatía. Los médicos pueden estimular los mecanismos de defensa de los enfermos gracias a la comunicación. Las palabras de un médico alteran la visión de la persona en relación a su enfermedad.

Los políticos saben, aunque la gran mayoría parece despreciar ese conocimiento en favor de su vanidad, que la comunicación les permite gobernar (en virtud a la capacidad de convencer a los ciudadanos de que son la mejor opción) y liderar (comunicando sus progresos, visiones, decepciones). Los políticos deberían saber que la buena comunicación no consiste en transformar la realidad en un engaño. Muchos de los políticos a los que tanto despreciamos repudian su función de comunicadores para transformarse en alquimistas de medio pelo.

Los políticos que han conseguido vencer en las elecciones deben su triunfo, en buena medida, a su capacidad comunicativa. Algunos de ellos se han dedicado a polarizar a la sociedad con una mala utilización de la comunicación y llevan al extremo la brillante afirmación que Risto Mejide tuiteó: «Si cuando hablas nadie se molesta, eso es que no has dicho absolutamente nada».

Los políticos dejaron de confiar en la verdadera y buena comunicación porque dejaron de confiar en su capacidad para ejercer como políticos.

La empresa, sus directivos, sus comerciales… todos los que la integran saben que la comunicación contribuirá de manera decisiva a convencer al cliente de que son la mejor alternativa, lograr su sincero perdón ante un eventual mal servicio y volver a conseguir su confianza. Dos productos o servicios aparentemente iguales obtendrán un resultado diferente en función del contexto comunicativo al que pertenezcan (empleados motivados, comerciales que saben convencer, buena comunicación comercial). La comunicación ha adquirido un papel e importancia creciente en el ámbito empresarial, convirtiéndose en una función primordial cuando, no hace tanto, solo era accesoria.

Tú, como consumidor, estás influido en cada uno de tus actos de consumo por la comunicación. Aquellas personas o empresas que no demuestran interés en ti —porque no se comunican o lo hacen mal—conseguirán tu desprecio, que las ignores o sustituyas. Un camarero que te haga sentir bien con un alegre «buenos días» o una sonrisa sincera será capaz de retenerte como cliente y crearéis una complicidad basada en vuestra capacidad de comunicaros.

Diego Pablo Simeone, conocido como el Cholo Simeone, es el entrenador del Atlético de Madrid y ha conseguido que sus jugadores parezcan otros. Son jugadores más motivados, dan la impresión de disfrutar con el balón y ambicionar lo que años atrás no ambicionaron. Los expertos en fútbol coinciden en que la intervención del Cholo a la hora de influir en el ánimo y disposición de sus jugadores ha sido definitiva. Esos mismos expertos señalan que ese espíritu se ha trasladado a la grada y los aficionados comulgan y participan de esa energía que nace de la capacidad comunicativa del entrenador argentino[6].

Todo lo que hacemos en nuestra vida está condicionado por la comunicación. Conseguimos un trabajo porque demostramos que sabemos hacer bien la labor que nos van a encomendar y porque merecemos la confianza.

Logramos que nuestro cónyuge esté feliz o descontento según cómo nos dirijamos a ella o a él. Nuestros hijos —sobre todo los adolescentes— son influidos por la capacidad de comunicación de las madres y padres. Donde antes imperaba la disciplina férrea —«porque lo digo yo»— hoy vence el convencimiento, el consenso, si es posible —«¿no crees que es mejor para ti?, sigamos discutiéndolo»—.

Los jefes conocen la enorme importancia que tiene la buena comunicación, aunque muchos la practican poco.

---

[6] Cuando empecé a escribir este libro, el Atlético de Madrid peleaba por el título de la Liga de la temporada 2013-2014 junto con el Barcelona. Finalmente, en un final agónico (como suelen decir los comentaristas deportivos) el Atlético se llevó la victoria para regocijo y felicidad de muchos de sus aficionados, entre los que me encuentro.

Muchos jóvenes talentosos de los que ahora acaban la carrera han aprendido nuevos y mejores valores para vivir de forma más apasionada y feliz. Ellos no admitirán estar en empresas porque sí, sin ninguna buena razón: querrán encontrar un sentido a lo que hacen. No admitirán tener jefes pecadores que oyen pero no escuchan, jefes prepotentes, jefes a los que sus empleados aconsejarían visitar a un psicólogo que pudiera curar su enferma vanidad[7].

Piensa en lo que puedes conseguir si te alías con esa herramienta tan potente que llevas de serie que es la comunicación. Quizás pensarás que es como la luz, que se activa solo con darle al interruptor (abrir la boca o el ordenador), pero no. Si consigues convertirte en un comunicador, en interiorizar tu papel de comunicador, tu vida y la de los que te rodean pueden cambiar.

Cambiar para bien.

«La palabra es el sonido externo del cerebro.
Por eso es tan importante saberla conducir y controlar».
JOAQUÍN LORENTE

Piensa a cuántas personas, empezando por ti, puedes hacer feliz con tu buena comunicación.

Piensa en cuántos logros puedes conseguir si los que te perciben percibieran a un nuevo ser.

«Tú no eres tu personaje, pero tu personaje eres tú».
RAYMOND CARVER

La paradoja de la comunicación.
Los incomunicados comunicados

Acabo de desayunar unos nuevos cereales que me han gustado muchísimo. Puedo inmediatamente contar semejante banalidad

---

[7] Puedes encontrar propuestas y relatos para no ser un jefe pecador en el primer libro que escribí, *Los diez pecados capitales del jefe*, 2008, Editorial Almuzara. Siempre le estaré agradecido a Manuel Pimentel por esa extraordinaria oportunidad que me brindó.

a alguna persona que piense que le puede interesar —enviándole un WhatsApp— o compartirlo con mis contactos a través de alguna red social o incluso sacar una foto a la caja de cereales o a mi cara con expresión de mucha felicidad.

Podríamos llegar a la conclusión de que utilizo la comunicación de esta manera y que soy un comunicador. Espero que la lectura de las primeras páginas de este libro te haya conducido a una opinión diferente.

Contamos con más herramientas que nunca para poder comunicarnos, pero curiosamente estamos cada vez más incomunicados por la propia utilización de esas modernas herramientas.

Poner en valor tu herramienta más potente, la comunicación, significa expresarte de forma inteligente con aquellas personas con las que te rodeas utilizando los recursos disponibles.

Inteligente es saber que la potencia de la comunicación es mucho mayor en persona —sea física, virtualmente, de cuerpo presente o telefónicamente— que a través del refugio de un mensaje corto de texto.

Inteligente es no dejar la oportunidad de comunicarnos con aquellos que tenemos más cerca y con los que, por lo tanto, podemos lograr una comunicación más enriquecida.

La investigadora de tendencias Faith Popcorn acuñó en 1981 (¡hace 38 años!) el término *cocooning*, que publicaría en su libro *Lo que vendrá*.

«Yo creo que estamos buscando protección. Queremos que nos ocurra algo parecido a los Jetsons[8], queremos vivir en una pequeña burbuja. Nos dirigimos hacia eso» dice Faith Popcorn en su página web Brain Reserve.

Debemos cierto respeto a quien nos anunció con tanta anticipación lo que nos ocurriría. Si entras en la casa de cualquier hogar occidental podrás observar que todos están más conectados que nunca escribiendo mensajes a través de su móvil o contando cual-

---

[8] Los Jetsons son los protagonistas de *Los Supersónicos*, una serie animada creada por William Hanna y Joseph Barbera. Muchos creen que es la versión futurista de *Los Picapiedra*. *Los Supersónicos* se encuentran en el año 2062 donde, según la serie, viviremos en casas suspendidas en el aire mediante enormes soportes y nos transportaremos en aeroautos. (Fuente: Wikipedia).

quier cosa en la red social y, en cambio, el diálogo se hace difícil en torno a las pocas posibilidades que brinda verse en casa.

Faith Popcorn nos anuncia una metamorfosis del *cocooning* al *super cocooning*: «Los consumidores se están quedando más en casa, viendo películas a través de la televisión de pago, por satélite, DVD o Internet, comiendo en sus casas y transformando sus hogares en un refugio que les proteja de la tormenta social».

Quizás no estés de acuerdo porque no quieres verte como uno de los *super cocooners*, pero los datos son irrefutables y ese comportamiento nos conduce a incomunicarnos más, aun teniendo tantos aparatos para comunicarnos.

El efecto vecino

La comunicación debe ayudarnos a ponernos en contacto con aquellos que tenemos más cerca.

«¿Sabes que tu vecina ha terminado la misma carrera que tú estás estudiando?, ¿has hablado con ella?», le pregunto al hijo de un amigo. Ambos compartimos portal y, como buen comunicador que me considero, intento establecer conversaciones interesantes en la piscina y en otros lugares donde me encuentro con mis vecinos.

«¡Ah, sí!, creo que sí. Pero nunca he hablado con ella», me dice el chaval. «Si quieres te la presento» le digo con una ironía que pretende ser divertida, al tiempo que reflexiva.

La persona en cuestión quiere, necesita más información. La tiene a dos pisos de su casa, pero su particular *cocooning* — refugio convertido en timidez— le impide y, previsiblemente, le impedirá hablar con su vecina.

Poner en valor nuestra herramienta más potente exige salir de nuestro caparazón y salir a hablar.

Solo se conocen los del grupo

A través de este relato quiero ilustrar la incomunicación entre personas que supuestamente deberían tener un interés en conocerse entre ellas y que no tienen ninguna dificultad aparente para hacerlo. Pero, en cambio, no lo hacen.

Durante los últimos años voy a Lima a dar unas clases sobre Nuevas Tendencias de la Comunicación. En mi primera clase exhorto a los alumnos —entre 35 y 40, todos ellos titulados y en activo— sobre la importancia de la comunicación.

Un año se me ocurrió preguntar a la clase si sabía a qué se dedicaba un alumno que acababa de comentar algo que yo había dicho previamente. 4 alumnos levantaron la mano. Me pareció curioso que llevaran seis meses de clase y solo cuatro alumnos supieran a qué se dedicaba ese compañero.

A continuación pregunté a la clase si sabían a qué se dedicaba una compañera sentada en la última fila. Otros 4 alumnos levantaron la mano. Repetí la pregunta otras tres veces con otros tantos alumnos y exceptuando uno del que sabían a qué se dedicaba 11 de los 37 alumnos, los demás obtuvieron 4 manos alzadas.

¿Por qué cuatro?

Porque los grupos de trabajo eran de cinco personas. Los grupos se sentaban juntos, hacían el descanso juntos, se llamaban, tuiteaban, *feisbuqueaban* juntos.

¡Un gran déficit comunicativo!

Me sorprendí mucho al poder comprobar lo que estaba ocurriendo. Las tres ocasiones posteriores en las que acudí a la misma maestría (un curso de posgrado) repetí la misma experiencia y siempre ocurrió, esencialmente, lo mismo. A medida que los cuatro que conocían en qué trabajaba su compañero levantaban la mano, yo adivinaba quiénes formaban el grupo de trabajo, lo cual hacía mucha gracia al resto de la clase. Es mejor reírse de uno mismo…

Después de este experimento la clase normal se interrumpe y hago que cada alumno cuente de forma breve a lo que se dedica, qué vende… y curiosamente siempre hay quienes tienen cosas que contarse, intercambiar, hacer negocios. A continuación les propongo que hagan un grupo de Facebook que, finalmente, les brinda la oportunidad de verse, hacer negocios, buscar y ofrecer currículums.

Así están las cosas y así se las hemos contado. ¿Estás de acuerdo en que hay que cambiarlo? Esto dependerá de cada uno de nosotros.

3.
¡Necesito un método!
Te propongo la comunicación

U tilicé una de mis frases preferidas («En la sencillez está la inteligencia») para comenzar a escribir el Principio de la vida (uno de los cuatro principios que dan pie a la creación de este libro).

Nuestra vida, la del ser humano de las sociedades ricas (aunque cada vez de riqueza peor distribuida), en cambio, se complica. Más información, más prisas, menos tiempo, más aspiraciones, obligaciones, expectativas.

Necesitamos volver a ideas sencillas que sean estables y coherentes en el tiempo. Que nos permitan tener una guía por la que después ir adaptando nuestros pensamientos y creencias. Necesitamos inteligencia, *ergo* necesitamos sencillez.

Te propongo que el método para vivir mejor en todos los campos sea que te conviertas en un comunicador consciente. En un buen comunicador consciente.

Te propongo que a partir de hoy sientas que eres un(a) comunicador(a), con todas las consecuencias que eso trae consigo.

Ese es el camino que te propongo y el objetivo de este libro: proporcionarte ideas definitivas para poner en valor una herramienta con la que ya cuentas: la comunicación.

A pesar de que los seres humanos hemos venido con este atributo de serie, son muchas las ocasiones en las que las personas desaprovechamos la potencia de la comunicación.

Cuando uno quiere ser bueno en algo, debe creérselo.

Si quieres ser bueno comunicando, deberás tomar conciencia de tu función permanente de comunicador y aspirar a utilizar esa herramienta adecuadamente.

4.
El profesor.
Una vida cambiada por la comunicación

Quiero contarte cuál fue el punto de inflexión que hizo que supiera que debía dedicarle mucha atención al papel de comunicador en la vida de cada uno de nosotros y por qué me fijo con especial atención en los efectos que tiene la comunicación en la felicidad de las personas (no necesariamente en el dinero o poder que posean).

Era el año 1990 y ocurrieron un par de hechos importantes en mi vida: me puse a estudiar un máster en el Instituto de Empresa y unos meses antes me habían promocionado al puesto de director de publicidad (mi trabajo consistía en dirigir al equipo de ventas que vendía cuñas de radio, espacios patrocinados) en la empresa en la que trabajaba (la Cadena SER, el más importante grupo radiofónico español[9]).

En el máster aprendí, en poco tiempo, mucho más de lo que aprendí en toda la carrera. Los profesores —casi todos— eran prácticos y orientados a darnos información útil, además de excelentes comunicadores. Uno de ellos era el profesor de Comportamiento Organizacional. Y él me enseñó en una clase algo que valió, a mi juicio, el precio de todo el curso.

Nos enseñó a interiorizar la importancia de la palabra y cuidar, acariciar, cómo decíamos las cosas. Nos mostró la capa-

---

[9] La Cadena SER sigue existiendo hoy como marca de la primera red de emisoras de programación convencional en España. En cambio, esa denominación ha dejado de existir como grupo de marcas, pasándose a llamar Prisa Radio.

cidad para hablar y molestar (las conductas verbales reactivas) y nos ofreció muchos ejemplos sobre la importancia de la palabra.

El profesor se expresaba así: «Un ejemplo típico de conducta verbal reactiva es la interrogación "¿entiendes?" detrás de una explicación. El emisor no tiene ninguna intención de hacerle daño al receptor de sus palabras, pero... ¿a quién le gusta que todo el rato le pregunten si entiende? Es como si te dijeran "eres tonto y quiero cerciorarme de que, a pesar de tu tontería, eres capaz de seguirme"».

«Vamos» —seguía el impactante profesor— «que es como preguntarle a la otra persona si es gilipollas».

Cuando escuché la explicación del profesor pude verme utilizando continuamente ese maldito ¿entiendes? con muchas de las personas con las que me relacionaba. Preguntaba ¿entiendes? detrás de cada explicación o indicación que ofrecía a mis compañeros jerárquicamente subordinados. Supongo que les diría ¿entiendes? a mi mujer, a mi madre... no sé si también a mi jefe. Y nadie me decía nada, aunque seguramente mis conductas verbales me estarían ayudando poco... Mis ¿entiendes? y otros descuidos verbales estaban haciendo daño a mis relaciones..., lo intuí a medida que el profesor hablaba.

Supe, gracias a su explicación, del poder destructor de la palabra en las relaciones del ámbito profesional (aunque esto se puede exportar a cualquier ámbito). No supe, entonces, alcanzar a entender la dimensión total del papel de comunicador del ser humano, ni tampoco la mejora en la calidad de vida cuando uno es capaz de interiorizar el objeto de este libro. Para ello han tenido que pasar muchos más años. Pero sí me puse en la ruta adecuada para desarrollar mi observación y cuidado en lo que decía y cómo lo decía.

Además de esta anécdota, he tenido la suerte de poder constatar y contrastar, como seguramente lo habrás podido hacer tú, la importancia de la palabra, del gesto, del tono, de los silencios, de las miradas, bien dichas y hechas:

- Gracias a cuidar cómo se dicen las palabras, se consigue que las personas destinatarias regalen miles de sonrisas que hacen de la vida del ser humano una vida más feliz, plena y llena de emociones. Sonrisas provenientes de compañeros, de camareros, de clientes, de amigos, de mendigos, de azafatas, de dependientes... de cualquiera. Las palabras generosas y cariñosas tienen como recompensa gestos amables, sonrisas sinceras. Una maravilla que mucha gente no entenderá.

Recomendación para comunicadores: observa cómo las personas cambiamos en función de cómo nos hablan, de cómo se comunican con nosotros. Pasa a la acción y logra cambios en las personas con las que te relacionas gracias a mejorar tu papel de comunicador.

- La palabra bien dicha, el buen comunicador, es recordado. Hace escasamente una semana fui a Barcelona. Cuando embarqué en el tren de vuelta, entregué mi billete al tiempo que me dirigía a la azafata con alegría (ya no sabría hacerlo de una forma diferente): «Hola, buenos días. ¿Qué tal está usted?». La mujer me miró, me sonrió y me dijo: «¡Qué raro!». Supuse de qué se trataba, pero le pregunté, «¿el qué?», y ella me respondió con otra gran sonrisa: «Su saludo. La mayoría de la gente no nos dice ni hola». Prueba a ser un gran comunicador y, sin que tú lo quieras ni lo pidas, es probable que te inviten en algún bar, un camarero te recuerde, alguien te pare en la calle dirigiéndose a ti con gran confianza. En realidad, no será mérito tuyo (parece que debiera ser normal comunicar bien, con alegría), será el demérito comunicacional de los demás el que te haga diferente.
- El comunicador influye, se le tiene más en cuenta. No podría ser de otra manera. El comunicador es un mago... maneja con tino las palabras, los gestos, consiguiendo generar una aureola (carisma) a su alrededor. La gran mayoría de las personas no se sienten comunicadoras, tienen miedo a comunicar, creen que lo importante es lo que ellos piensan y no lo que piensan los demás. Al comunicador se le siente.

Este cuento zen[10] expresa una parábola que puede quedar impregnada para siempre en tu cerebro y en tu forma de actuar:

Había una vez un samurái que era muy diestro con la espada y a la vez muy soberbio y arrogante. De alguna manera, él solo se creía alguien cuando mataba a un adversario en un combate y, por eso, continuamente buscaba ocasiones para desafiar a cualquiera ante la más mínima afrenta. De esta manera el samurái mantenía su idea, su concepto de sí mismo, su férrea identidad.

En una ocasión, este hombre llegó a un pueblo y vio que la gente acudía en masa a un lugar. El samurái paró en seco a una de aquellas personas y le preguntó:

—¿Adónde vais todos con tanta prisa?

—Noble guerrero —le contestó aquel hombre que, probablemente, empezó a temer por su vida—, vamos a escuchar al maestro Wei.

—¿Quién es ese tal Wei?

—¿Cómo es posible que no le conozcas, si el maestro Wei es conocido en toda la región?

El samurái se sintió como un estúpido ante aquel aldeano y observó el respeto que aquel hombre sentía por ese tal maestro Wei y que no parecía sentir por un samurái como él. Entonces decidió que aquel día su fama superaría a la de Wei y por eso siguió a la multitud hasta que llegaron a la enorme estancia donde el maestro Wei iba a impartir sus enseñanzas.

El maestro Wei era un hombre mayor y de corta estatura hacia el cual el samurái sintió, de inmediato, un gran desprecio y una ira contenida.

Wei empezó a hablar:

—En la vida hay muchas armas poderosas usadas por el hombre y, sin embargo, para mí la más poderosa de todas es la palabra.

Cuando el samurái escuchó aquello, no pudo contenerse y exclamó, en medio de la multitud:

—Solo un viejo estúpido como tú puede hacer semejante comentario.

—Entonces, sacando su catana y agitándola en el aire, prosiguió—: Esta sí que es un arma poderosa y no tus estúpidas palabras.

---

[10] La primera vez que leí este cuento lo hice en un libro del admirado y querido Mario Alonso Puig (me permito saludarte con cariño desde aquí a ti y a Isabela). Después lo utilicé en conferencias tanto en Madrid como en Lima.

Entonces Wei, mirándole a los ojos, le contestó:

—Es normal que alguien como tú haya hecho ese comentario; es fácil ver que no eres más que un bastardo, un bruto sin ninguna formación, un ser sin luces y un absoluto hijo de perra.

Cuando el samurái escuchó aquellas palabras, su rostro enrojeció y con el cuerpo tenso y la mente fuera de sí empezó a acercarse al lugar donde estaba Wei.

—Anciano, despídete de tu vida porque hoy llega a su fin.

Entonces, de forma inesperada, Wei empezó a disculparse:

—Perdóname, gran señor, solo soy un hombre mayor y cansado, alguien que por su edad puede tener los más graves de los deslices. ¿Sabrás perdonar, con tu corazón noble de guerrero, a este tonto que en su locura ha podido agraviarte?

El samurái se paró en seco y le contestó:

—Naturalmente que sí, noble maestro Wei, acepto tus excusas.

En aquel momento Wei le miró directamente a los ojos y le dijo:

—Amigo mío, dime: ¿son o no poderosas las palabras?

5.
El comunicador es «de verdad»

Quizás estés pensando que este libro es un manual para hipócritas. Es posible que hayas llegado a la conclusión de que lo que aquí se expone se resume en unas pocas líneas:

Cuida las formas y verás qué bien te va en la vida. Conseguirás convencer a los que te rodean, se rendirán a tu encanto. Debes saber que no importan tus sentimientos, lo único que importa es lo que ven los demás de ti y si consigues comunicar adecuadamente tienes mucho ganado.

Si ese es el caso (si has llegado a esa conclusión) debo decirte que sí, que podría ser así. ¿Para qué sirve un cuchillo?: para cortar alimentos y así poder masticarlos con mayor facilidad. Sí, para eso sirve un cuchillo... pero también sirve para matar. Comunicar bien puede servir para mejorar nuestra relación con los demás y con nosotros mismos. Puede ayudarnos a vivir mejor, a construir un mundo superior... pero también sirve para engañar mejor, para convencer a otros para que se sumen a objetivos espurios, ignominiosos, perjudiciales para los demás. Un comunicador avezado puede enseñar una cara diferente a la que realmente le corresponde. Es cierto.

Si tú tuvieras un cuchillo, ¿lo utilizarías para cortar o para matar? ¿Cómo harías para disfrutar de ese maravilloso solomillo si no tuvieras un cuchillo? o ¿cómo te verías de tonto (por utilizar un adjetivo suave) con un cuchillo pero cogiéndolo al revés y cortándote a ti en vez de al espléndido trozo de carne?

Todas las personas tienen el cuchillo (la capacidad para comunicar), pero la gran mayoría lo coge al revés, haciéndose daño una y otra vez, porque no se han percatado de cómo utilizarlo adecuadamente. De todo el universo, es cierto que unos pocos quieren utilizar ese cuchillo para matar. Espero que por mi bien (por mi tranquilidad), y sobre todo por el tuyo (para que puedas vivir con la serenidad, tranquilidad y armonía que produce hacer el bien), utilices lo que puedas aprender en este libro sobre comunicación para que te beneficie a ti y a los que te rodeamos.

Pero hay más que eso… para que un comunicador sea bueno tiene que serlo de verdad (o ser un actor de primera todo el rato… ¡uf! ¡Qué cansado!). Seguro que tienes en tu cabeza a esa persona que anda todo el tiempo esforzándose por caer bien, por reír sin que lo dicho tenga ninguna gracia, aquella persona en la cual se ve, con cierta facilidad, un artificio, poca naturalidad.

El comunicador tiene que cultivar sus habilidades de comunicación. Interiorizar su función de comunicador y ser auténtico.

¡Uy! Ya te estoy viendo otra vez.

¿Cómo voy a ser auténtico si no digo las cosas como las siento? Te (me) estás preguntando en tu fuero interno.

Cuando nuestros padres empezaron a insistirnos sobre la conveniencia de decir gracias cuando nos daban algo (¿recuerdas?) no sentíamos ninguna necesidad de dar las gracias. Primero por repetición, después por temor (si no dábamos las gracias éramos reprendidos) y después con sinceridad (o eso se espera) hemos dado las gracias durante toda nuestra vida. Si has conseguido cultivar el verdadero agradecimiento sincero y auténtico, es probable que sientas el privilegio de estar más cerca de ser compasivo, sentirte mejor y hacer a los demás que también se sientan mejor al lado tuyo.

La gran mayoría de las personas no fuimos educadas para sensibilizarnos sobre la importancia de nuestro papel de comunicadores. Y esa ausencia puede ser definitiva para algunos.

6.
Mis credenciales.
El orgullo del comunicador

L as madres y los padres deseamos lo mejor para nuestros hijos. ¡Vaya obviedad!

Puedes imaginar que la creencia que quiero transmitir en este libro (si te comunicas bien, ¡vivirás mejor!) ha sido y está siendo transmitida a mis hijos. Mis tres hijos han pasado (los dos mayores) o están pasando (la pequeña se encuentra en su maravillosa adolescencia mientras escribo estas líneas) por un período en el que han utilizado la comunicación (o la no comunicación) para plantarse, para reafirmarse, para enfrentarse con sus padres. Aparentemente, les importa poco que digas y vuelvas a decir «no me hables así», «me estás haciendo daño... ¿eso es lo que pretendes?» o «si lo comunicas bien, seguro que conseguirías una mejor nota o convencerme...».

He intentado demostrarles y convencerles de la importancia que tiene saber comunicarse bien, que no se trata de un acto rutinario y que su capacidad puede potenciar los otros conocimientos que vayan adquiriendo.

Mientras escribía este libro ocurrió algo que me hizo saber que mi insistencia no había caído en saco roto. Lo curioso de la escena que a continuación te voy a relatar es que el origen del problema soy yo (por una deficiente y alterada comunicación) y quien lo soluciona es mi hijo mediano, Alfonso (el gran Po[11]).

---

[11] Así le llamamos porque nuestra hija pequeña no sabía decir Alfonso cuando aprendió a hablar y le llamaba «Po» a gritos. Era muy divertido y con el apodo se ha quedado.

Durante un tiempo perdí los nervios con mi hija pequeña. Su forma de hablar me parecía inadecuada y en vez de utilizar la comunicación inteligente utilicé la comunicación por la fuerza, esa que hace que, finalmente, a uno le salga espumilla blanca por los labios, fruto de la indignación y el descontrol. Cualquier cosa me molestaba y otorgaba una importancia desmesurada a sus comportamientos infantiles. Esto supuso que en alguna ocasión la hablara de forma agresiva e inadecuada y que mi mujer y yo nos enfadáramos; ella no quería que mi hija sufriera injustamente y yo no admitía otra situación que no fuera su apoyo en contra de mi hija.

Con este escenario, y tras un fin de semana de total desencuentro entre mi mujer y yo (no nos hablábamos), y por supuesto sin dirigirle la palabra a mi hija, fui a decirle buenas noches a Alfonso, de 18 años.

—Buenas noches, Pa. ¡Ay! Quería decirte algo... No encontré tiempo para decírtelo antes (el comunicador crea expectativa).

—Dime, hijo (me siento en su cama dispuesto a escucharle).

—Es sobre Blanca. Siento si lo que voy a decirte te molesta y además lo entenderé perfectamente porque quizás yo no sea nadie para decirte estas cosas (la preparación perfecta. ¿Cómo podría ahora molestarme con alguien que me avisa? Con esa frase me ha predispuesto para que no pueda sentirme herido y manifestarle que él claro que es «alguien» para decirme lo que crea conveniente). Creo que no la hablas correctamente, que te pasas con ella y eso no es bueno para mamá, ni para ella; en definitiva, no es bueno para la familia. Y siento mucho decirte esto, entenderé que te molestes y te pido perdón por ello (¡un artista!).

Puedes imaginar que gracias a su breve, sincero y preparadísimo discurso tuve que aceptar mi mala forma de actuar. Al día siguiente pedí perdón a mi hija y a mi mujer y me di cuenta de que me hacía falta leer un libro sobre comunicación.

El comunicador —como en este caso lo hizo mi hijo— se pregunta: ¿cómo se lo digo? Después busca y encuentra la manera para decirlo de una forma convincente que difícilmente pueda encontrar una objeción de sentido común.

¡Veo venir tu pregunta! ¿Y qué habría ocurrido si mi reacción hubiera sido negativa y le hubiera gritado que no tenía razón, que era increíble que el único apoyo que tenía en la casa fuera él y bla, bla, bla?

Mi hijo lo hubiera tenido bien sencillo. Habría zanjado la conversación diciéndome que ya me había advertido y entendido que me podía molestar. Quizás me habría invitado a salir de su cuarto diciéndome que tenía sueño.

Yo habría sido un gilipollas[12] y encima perdedor. La cosa quedó en lo que realmente tenía que ser: había sido un estúpido, un ignorante desde el punto de vista de la comunicación, pero pude salir de mi error gracias a la forma de comunicar de mi hijo.

---

[12] GILIPOLLAS: con mayúsculas. El significado de esta palabra malsonante es necio o estúpido (RAE).

7.
El esquema de la comunicación

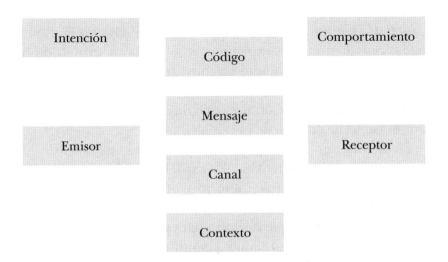

E ste es el esquema básico de comunicación que se estudia en las universidades y que Félix Muñoz[13] ha adaptado añadiendo que cualquier acto de comunicación tiene una intención que provoca un comportamiento. Es muy conveniente que lo tengamos muy presente, pues contiene los elementos básicos que nos pueden descubrir cómo ser buenos comunicadores o por qué no hemos acertado a la hora de intentar trasladar un mensaje.

Todo parte de dos personajes: el emisor y el receptor de la comunicación. El receptor tiene un objetivo, una intención: modificar, influir en el comportamiento del receptor.

---

[13] Félix Muñoz es uno de los profesionales de referencia en el mercado de la publicidad y la comunicación. Actualmente, es consultor de empresas y profesor de muchos centros universitarios y escuelas de negocio.

Eres jefe o jefa, quieres que tu subordinado haga bien la tarea, por lo que te comunicas con él o ella para motivarle. Eres profesor, quieres que tus alumnos logren aprender algo que estás intentando enseñarles y que se interesen por lo que les cuentas. Y así sucesivamente. La comunicación persigue una intención, aunque simplemente sea pedir una caña y que te la pongan o preguntar ¿cómo estás? (si no es una pregunta retórica busca información y, si es retórica, puede tener la intención de iniciar una conversación).

El emisor considera que debe utilizar un determinado código en función de quién sea el receptor del mensaje. Si utilizas el castellano con una persona que solo habla inglés no lograrás nada, por bien que te expliques. Si le hablas a tu hijo de 5 años como si fuera un adulto no conseguirás trasladarle eficazmente tu mensaje. Los aspectos culturales juegan un papel fundamental en la utilización del código adecuado. El comunicador es capaz de adaptarse, es camaleónico.

El mensaje es el contenido, lo que queremos contarle al receptor de nuestra intención. La capacidad del emisor de elaborar un mensaje creíble, notorio y estimulante tendrá una gran influencia en el posible comportamiento del receptor.

Hay más: tenemos que decidir cuál va a ser la vía, el medio, el canal a través del cual vamos a emitir el mensaje. ¿Se lo decimos de palabra o mejor por correo? (piensa en aquella vez que tuviste un enfado con tu pareja y sabías bien lo que querías decir, pero quizás malograste tus intenciones por haber elegido el mal camino para trasladarlas). Los canales se han multiplicado en las últimas décadas y condicionan también el código utilizado y la redacción del mensaje.

Por último, debemos considerar el momento, el entorno, el contexto en el que vamos a propiciar el acto de comunicación. ¿Mejor declararme en el restaurante o en la cama? No es lo mismo, aunque la intención sea idéntica.

Lograr practicar una buena comunicación es complejo y conseguir desarrollar esa habilidad depende del conocimiento incorporado por fuentes externas (libros, charlas), la observación (lo que otros comunican, cómo reaccionamos ante determinados estímulos comunicativos) además de un ejercicio continuado que permita desarrollar una adecuada inteligencia intuitiva. Los buenos comunicadores no piensan sobre este proceso cada vez que comunican, pero sí saben cómo se fragua y lo han practicado. Han descubierto a través de sus fracasos y sus éxitos el poder que tiene la comunicación.

PARTE 2.

CONVERTIRSE EN UN BUEN COMUNICADOR CON LOS DEMÁS

¿Cómo es un comunicador?

Espero haberte convencido sobre el pensamiento central que propone este libro: eres un comunicador. Tomar conciencia de esa circunstancia, el rol constante que lleva aparejada y hacer lo posible por darle valor a esa potente herramienta puede cambiarte la vida.

El papel más patente y común de la comunicación es permitirnos relacionarnos con los demás. A la comunicación con ellos, con todos los que te rodeas, vamos a dedicar ahora nuestra atención.

En gran medida, nuestro paso por la vida será más fructífero si la relación con las personas con las que tenemos oportunidad de establecer contacto —físico, virtual o como quiera que sea— es más rica, productiva y nos hace sentir bien. Una buena comunicación nos permitirá vivir menos conflictos y, por tanto, vivir mejor (Álex Rovira trae a uno de sus libros una cita anónima: «Cada minuto que estás enfadado, pierdes 60 segundos de felicidad»). Supondrá, además, más serenidad, mejor educación para nuestros hijos, un liderazgo más productivo y sostenible en la empresa, una relación más estratégica e inteligente con quien te escribas o veas...

Suponiendo que hemos logrado el objetivo inicial (interiorizar tu papel de comunicador), ahora quiero compartir contigo cómo es un buen comunicador sirviéndome de una serie de adjetivos y verbos acompañados de unos relatos cuyo ambicioso y humilde objetivo es fijar en tu memoria las características de una buena comunicación.

8.
Las habilidades del comunicador...

...están al alcance de todos.

Para algunos será muy cómodo, pueden tener una facilidad innata, haber convivido con muchos y buenos comunicadores, haber sido instruidos durante su educación escolar en el ejercicio de la comunicación.

Para otros será más difícil. Es posible que hayan tenido una madre y un padre que hablaban de forma imperativa, sin prestar atención a cómo se decían las cosas. Quizás nacieron con un tic desagradable para quien los mira que distorsiona la realidad que quieren proyectar, lo cual se convierte en un asunto engorroso e injusto.

Las habilidades del que fue educado en un entorno con facilidades para ser comunicador pueden ser erosionadas, eliminadas por la falta de entrenamiento y atención. Aquellos que creen que la comunicación no es su aliada en las relaciones con los demás porque se encuentran incómodos utilizando esta inevitable herramienta, deben saber que su esfuerzo se verá recompensado.

He elegido catorce habilidades del buen comunicador. Siete de ellas están relacionadas con la personalidad, otras siete con habilidades técnicas. En el desarrollo de este capítulo se irán presentando de forma entremezclada ya que no es posible aislar unas de otras y algunas de ellas pueden estar en los dos lados.

Por ejemplo, tener la habilidad de comunicar con humor puede desarrollarse técnicamente, pero he considerado que, por mucho que uno quiera aprender técnicas para ello, es más importante que su carácter, su predisposición personal, esté orientado a ser una persona que tenga gracia, hasta llegar a provocar una sonrisa o risa.

Y muchas de estas habilidades están conectadas con otras.[14]

Habilidades del comunicador	
Relacionadas con la personalidad	Habilidades técnicas
• Tener ganas de comunicar	• Don de la oportunidad
• Generosidad y amabilidad	• Sensibilidad y estética
• Empatía	• Credibilidad y crédito
• Sinceridad ypasión	• Elige el medio adecuado
• Humor	• Gran escuchador
• No busca conflictos, los resuelve	• Comunica en positivo
• Aprende de la experiencia	• Asertividad seductora

---

[14] Esta clasificación entre habilidades relacionadas con la personalidad y técnicas no es exacta. Todas las habilidades planteadas necesitan de acción y de práctica. Ninguna de ellas está fuera del alcance de nadie. Todas están al alcance de todos, incluso de aquel que piense que es un inútil comunicando. Espero que después de leer el libro sepa por qué.

9.
Tener ganas de comunicar

U n comunicador está atento a cualquier oportunidad de comunicación, tiene ganas y ACTITUD de comunicador. Esta primera característica puede parecer una obviedad, pero no lo es.

«Ya se lo diré», «supongo que él se pondrá en contacto conmigo», «me imagino que si le gusta me dirá algo»… Solemos dejar, con frecuencia, la posibilidad de un nuevo contacto, de una nueva oportunidad de comunicar a expensas de circunstancias que muchas veces no se producen. No comunicar puede llevarnos por el camino de construir opiniones equivocadas —«si no me ha dicho nada, será por algo»—, eliminarnos de la posibilidad de ser los elegidos en un proceso en el que nos habíamos presentado como candidatos —«como no nos dijiste nada, supusimos que no estabas interesado»—, de ser invitados a esa comida que nos interesaba tanto, de hacer sentir bien a una persona —«nunca me dices si te gusta cómo voy vestida»—, de mostrar nuestra disconformidad con lo sucedido —«estamos sorprendidos con la fiereza de su queja, siempre hemos creído que estaba satisfecho a pesar de que, por lo que nos dice en su escrito, lleva tiempo sin estar satisfecho con nuestro servicio»—.

Encontrar la oportunidad para decirle «hola» a un amigo de la juventud con el que no mantienes ningún contacto pero al que quieres es fácil. Llámale por su cumpleaños.

Si crees que ese puesto que quedó libre debería ser para ti, díselo a tu jefe.

Si tu subordinado hace algo que consideras que no es adecuado, no des por entendido que es porque no sabe hacerlo de otra manera, quizás piense que esa es la mejor manera.

Si a tu cónyuge le huele el aliento, no esperes a detestarle porque cada vez que le besas es un sufrimiento, díselo (con cariño, pero díselo).

Si tienes una buena idea para una empresa piensa de nuevo si es una buena idea. Quizás sea el momento de estudiarla, analizarla con ojos críticos. Si supera tu examen, es probable que sea una buena idea que no dejará de ser un embrión de idea si no se la cuentas a quien tiene el poder para ponerla en práctica.

Si tu hija o hijo adolescente hace algo que sabes que está mal y se lo has dicho mil veces, es probable que debas decírselo una vez más. Algunas veces el receptor está en una época rebelde y el comunicador sabe que esto puede ser así.

Propuesta para comunicadores: piensa, repasa mentalmente la cantidad de cosas que has dejado de decir por vergüenza, miedo, por el qué dirán, por pereza y lo bien que se hubieran sentido los posibles destinatarios de tus mensajes y tú mismo por haber hablado. Quizás incluso dejaste escapar a un novio (o novia), un trabajo o un viaje por no comunicar. Hemos dejado de recordar, aprender, emocionarnos por no comunicar. ¡Que no te pase más veces!

Un relato para no olvidar:
«Pensé que se había olvidado...»

Como dije en páginas precedentes, voy con cierta frecuencia a Lima, donde imparto clases de nuevas tendencias de comunicación. Mis clases comienzan explicando la importancia de la comunicación en nuestras vidas. Trato de convencer a mis alumnos de que se conviertan en comunicadores holísticos. Aplicado al entorno empresarial les digo que hace unos pocos años un buen director de *marketing* podría ser un buen fabricante de anuncios y hoy necesita ser un buen comunicador.

Durante mi estancia en diciembre de 2013 tuve la suerte de contar con un conductor que me llevaba y traía desde la universidad a mi hotel y viceversa, además de acompañarnos a los restaurantes y otras visitas turísticas. Él se llama Oliver y es un buen comunicador.

«Profesor —dijo dirigiéndose a mí—, le he hablado mucho sobre usted a mi hija de 9 años. Ha empezado a flojear en los estudios, no sé por qué razón... quizás sea la edad. Y le he dicho que usted es profesor, que ha estudiado, que viene de España». Oliver nos estaba llevando a mi mujer y a mí al aeropuerto internacional Jorge Chávez; ya nos íbamos de vuelta a Madrid.

Oliver continuó: «Profesor, me preguntaba si a usted le importaría grabar un vídeo con mi teléfono móvil dirigido a mi hija. Creo que quizás usted la pueda convencer de lo importante que es estudiar. A ella le hubiera gustado venir a conocerle, pero no pudo ser, tiene examen mañana».

Oliver no tiene estudios, una enfermedad le apartó de su vocación de ser policía pero es una persona especial y lo sé gracias a que es un gran comunicador (de otra manera ni me hubiera pedido el vídeo ni me hubiera interesado tanto por su vida).

El encargo de Oliver se convirtió en una gran responsabilidad. Le hice algunas preguntas sobre su hija y grabé el mensaje dirigido a Marjorie (ese es su nombre). A pesar de mi interés en hacerlo bien, el resultado fue franca y fácilmente mejorable (aunque Oliver me dijo muy amablemente que a su hija le había gustado mucho y lo había visto muchas veces).

Oliver me preguntó si utilizaba Facebook, le contesté que sí. Cuando llegué a Madrid y me conecté a la red social allí había una petición de «amistad»[15] de Oliver. Acepté su amistad y no hice nada más.

Al cabo de unos días, Oliver me escribía a través del chat de Facebook el siguiente mensaje: «Mis mejores deseos para usted y su familia. El vídeo estuvo hermoso, mi hija no dejó de verlo a cada momento y también desea conocerlo cuando usted venga, felicidades» (las felicidades eran porque se aproximaba el período navideño).

---

[15] Entrecomillo la palabra *amistad* porque el hecho de estar conectados por Facebook no presupone amistad alguna.

Yo le contesté: «Oliver, ¡qué alegría saber de usted! Me hubiera gustado hacerlo mejor... después se me ocurrieron otras ideas. Volveré en junio, espero que nos veamos de nuevo y pueda conocer a su familia».

Y Oliver volvió a escribir: «Gracias por acordarse de mí, pensé que se había olvidado».

Claro... Oliver me volvió a demostrar que no hacer caso y ejercer esta primera recomendación (el comunicador tiene ganas de comunicar) puede conducir a que otras personas concluyan —con indicios suficientes— una opinión con la que probablemente no estaríamos de acuerdo.

Cuando Oliver me pidió que aceptara su contacto a través de Facebook era una oportunidad para comunicar que dejé pasar por no haberle escrito en ese preciso momento. Menos mal que al otro lado del Atlántico había un gran comunicador.

¿Le habrá llegado el regalo?

Uno de los comportamientos comunes que no dejarán de sorprenderme es la poca capacidad que tenemos para agradecer (y reconocer) sabiendo como sabemos de la potencia del agradecimiento y el reconocimiento. Nos complace mucho que nos agradezcan y que nos reconozcan.

Pero sabiendo lo que sabemos no actuamos. En general, somos más vehementes con la queja que con el agradecimiento. Se trata de una disfunción social grave No ponemos en valor nuestra potente herramienta: la comunicación.

En nuestra empresa realizamos regalos a muchas personas que nos han dedicado su tiempo generosamente. Son regalos inesperados, muchas veces buenos regalos que conseguimos de patrocinadores (jamones de Campofrío, bonos de La Vida es Bella, cavas de Viladrau, maletas de Totto[16]...).

Otras veces hacemos regalos por Navidad o por alguna razón que nos inventemos. Pues bien, muchas personas a las que enviamos regalos no nos lo agradecen, ni siquiera envían

---

[16] A través de estas líneas estoy comunicando con estas marcas mi agradecimiento. Una vez más y en todas las oportunidades que tenga.

un correo electrónico. Incluso a veces nos los encontramos en algún sitio y no hacen mención de haber recibido el regalo. Siempre nos preguntamos: ¿habrá recibido el regalo? En algunas ocasiones incluso hemos llamado al mensajero para interesarnos por la suerte del paquete. Siempre han llegado... pero el agradecimiento no se ha producido (en muchos otros casos sí recibimos un agradecimiento y en algunas ocasiones son maravillosas obras de arte).

Seguramente has visto cómo los ojos de una persona se humedecían porque su trabajo había sido reconocido. Quizás hayas visto cómo los ojos de la persona que hacía el reconocimiento también se humedecían.

La situación de infrautilización del agradecimiento y el reconocimiento (merecido, sincero) es patética, es un índice que refleja la enfermedad social que podemos curar cada uno de nosotros.

Recomendación para comunicadores: si un camarero te ha atendido bien, comunícaselo, es una oportunidad. Si un dependiente de una librería te aconseja bien, díselo, agradéceselo, por favor. Agradece y reconoce muchas más veces de las que te quejas y regañas, aprovecha para comunicar. Tienes muchas más oportunidades para agradecer y reconocer de las que probablemente utilices y creas. Hablar es, además, una buena medicina[17].

Fue raro que no nos dijera nada

A mi madre (falleció en 2015) le pareció muy extraño que algún amigo del colegio que venía con mucha frecuencia a mi casa y con quien ella mantenía una relación muy cordial no le hubiera dado el pésame cuando mi padre murió (fue en 1988).

---

[17] El doctor Alejandro Rojas Marcos acudió como ponente al segundo Congreso de la Felicidad organizado por Coca-Cola. En su maravillosa ponencia disertó sobre los protectores de la felicidad. Uno de ellos es hablar, comunicarse. Hablar prolonga la vida, reduce la tensión, la presión arterial, es bueno para el corazón.

—Mamá, le dará corte —le dije.

—Corte, corte, ja, ja (dicho con acento inglés, ella era de Londres). ¿Cómo va a darle corte a una persona con 25 años decir un «lo siento»?

—Es difícil de aceptar, mamá. Pero eso es lo que le pasa.

El corte de dar el pésame se me quitó a los 12 años, estaba en 6º de EGB (la Educación General Básica) y la madre de uno de nuestros profesores —don Ángel— falleció. Cada alumno ejercía de delegado una quincena y cuando ocurrió ese fallecimiento yo era el delegado.

Volví aterrorizado a casa. Entre el miedo a la muerte, el respeto a don Ángel y no saber qué decir, estaba espantado. Mi padre desdramatizó y me obligó a comprometerme a que le diría algo a don Ángel (corría el año 1974).

Me dirigí con miedo al serio (al muy serio) profesor.

«Don Ángel, le acompaño en el sentimiento», debí decir con esa expresión de pánico y tristeza (sabía que él estaría triste y la empatía en esos casos es fácil) que produjo la única sonrisa que recuerdo de él. Su sonrisa me tranquilizó y demostró que la recomendación de mi padre era muy buena.

Desde aquel entonces he conocido a muchas personas muy mayores que son incapaces de dar un pésame en buenas condiciones. Solo son capaces de ladear la cabeza, darte un abrazo... si acaso.

Comunicar se aprende practicando. Si sientes algo por alguien, díselo (¡hazlo ahora, mándale un WhatsApp!, llámale, envíale una carta, un correo) si te enteras de que alguien ha conseguido vencer un desafío, ¡felicítale!, si a la vecina se le muere el marido, ¡dile que lo sientes!

Recomendación para comunicadores: comunicar se aprende practicando. Si quieres probar el poder de la comunicación, ponla a funcionar. El principal error de la comunicación es la incomunicación.

10.
«Don» de la oportunidad

E l comunicador desarrolla el don para encontrar la oportunidad adecuada.

Estar atento a cualquier oportunidad para comunicar no significa que debamos hacerlo constantemente; el comunicador debe intentar no ser un pesado (dicho esto con una entonación afectada, cargada). Es curioso, describimos a aquellas personas que tienen apagada la virtud de decir las cosas a su debido momento diciendo de ellas, irónicamente, que tienen el «don de la oportunidad».

No todos los momentos son buenos para enviar un mensaje. Es probable que en ocasiones hayamos cometido la torpeza de decir algo en el momento menos adecuado. Nuestro interlocutor nos ha dicho entonces «me lo has dicho en el momento menos oportuno posible». O quizás hayamos sufrido esa torpeza en nuestras propias carnes.

Pero también puede ocurrir todo lo contrario...

Propuesta para comunicadores: es probable que tengas ganas de comunicar. Pero lo peor es que te conviertas en un ser pesado, inoportuno. Desarrollar la habilidad de decir las cosas en el momento oportuno es una cuestión de sensibilidad, inteligencia y empatía.

Una sola frase oportuna en el momento oportuno

En Octubre de 2006 llegué a una empresa en la que trabajé durante dos años y medio. Fui contratado como consecuencia de la venta del 51% de las acciones de una *startup* que había fundado y a la que mis errores habían conducido por el sendero de la no rentabilidad, pero mis aciertos la llevaron a ser una «cosa vendible».

El consejero delegado de la empresa que había comprado mi *startup* era y es un tipo inteligente. Con la compra se convertía en mi jefe y él sabía de mi experiencia en el campo de la organización de equipos comerciales y especialmente en la venta de espacios publicitarios. Lo primero que me pidió fue que les hiciera una consultoría con propuestas concretas. Hice mi trabajo y el consejero delegado incorporó al proceso muchas de las ideas planteadas en mi documento y presentación.

Ahora me tocaría dedicarme en exclusiva a la empresa que había vendido e incorporado en el grupo comprador. Eso significaba menos sueldo y estar aparcado en una esquina tratando de que el conjunto de la organización hiciera caso a mi pequeño proyecto, ahora incorporado a uno más grande.

¿Cómo podía decirle a mi jefe, con el que tenía muy poca confianza, que yo quería hacer más cosas? ¿Cómo podía decirle alguna frase con la que no pareciera que le estaba pidiendo algo nada más llegar? ¿Cómo conseguir remediar una situación claramente desfavorable para mis intereses pero que había aceptado implícitamente con la venta de la empresa?

Yo tenía ganas de comunicar, pero sabía también que debía encontrar las palabras y el momento oportuno. Le pregunté a mi mujer, a mi consejera áulica, Virginia. Le describí la situación. Con su pragmatismo impactante me sugirió: «Dile que crees que te está desaprovechando».

La recomendación era buena, muy buena. Había que decirlo con modestia y cariño, en un momento en que estuviéramos solos y durante esos días (se aproximaba final de año) en los que era un buen momento para los cambios.

Así lo hice, mientras los dos nos fumábamos un cigarrillo... como el que no quiere la cosa: «Permíteme que te diga algo que creo que es conveniente para los dos». «¿De qué se trata?». «Creo que quizás me estés desaprovechando». «¿Eso crees?», me contestó interesado. «Sí», le repliqué asertivo. Diez minutos más tarde estábamos tomando un café y un día después ya tenía un nuevo puesto que colmaba mis aspiraciones. Pasé de tener que estar en una esquina a dirigir a todo el equipo comercial, la empresa que vendí y otros productos del grupo.

Todo fue gracias a un buen consejo, unas orejas bien abiertas, muchas ganas de comunicar y a encontrar la oportunidad (además de la frase y el tono) adecuada.

El momento, el lugar, el contexto de dar una mala noticia

Una mala noticia es una mala noticia. Un desamor, un despido, una negativa a algo importante para la otra persona, un desastre económico, una muerte. ¿Es posible que cualquiera de estos sucesos pueda dejarnos un buen sabor de boca? En algunos casos, definitivamente no. En otros, quizás podamos conseguirlo. En todos los casos, podemos hacer que el trago sea menos amargo.

Muchas de esas malas noticias pueden ser planteadas como un enfrentamiento y con la intención de salir victoriosos de la contienda.

Le podemos decir a la persona que amamos que la hemos dejado de amar haciendo de la despedida un homenaje doloroso o un enfrentamiento amargo.

A aquella persona que despedimos de la empresa podemos llevarla a un territorio neutral donde no se sienta amenazada o podemos hacerle pasar por un mal momento delante de sus compañeros.

«Jamás olvidaré cómo el médico me comunicó la muerte de mi madre. Me transmitió paz, me llevó hasta su despacho y me hizo ver que su tránsito había sido inevitable y pacífico. Me hizo sentir bien», me decía una buena amiga.

«Papá, cuando veas que estoy estresada por los estudios no me recrimines algo sobre lo que seguro que tienes razón. No es el mejor momento. Creo que sería más eficaz y bueno para los dos encontrar otra oportunidad más adecuada» me ilumina mi hija Blanca al respecto de lo poco oportunos y poco inteligentes que, a veces, somos los padres a la hora de comunicarnos con nuestros hijos.

11.
Generosidad y amabilidad

Un buen comunicador es generoso y amable

Supongamos que hemos conseguido tener ganas de comunicar y hemos descubierto oportunidades de comunicación. Pues bien, esto solo es el inicio. Es una condición necesaria que dista mucho de ser suficiente.

La persona que consigue transformar la comunicación en una potente herramienta es generosa en el acto continuado de comunicar.

«Cómo me gusta la lluvia», dijo uno. «Pues a mí no me gusta nada», le respondió el otro.

«Tengo tres hijos y el mayor está empezando teleco» dijo uno. «Mi hija dice que quiere estudiar una ingeniería cuando sea mayor», le dijo la persona que le oía y, aparentemente, le escuchaba.

«Nos conocemos hace doce años y me quiere mucho».

Mí, me, yo, y más mí, me, yo. Es increíble la cantidad de veces que intervenimos para hablar de nosotros inmediatamente después de que otro haya hablado de sus gustos y opiniones. Lo hacemos sin respiro. Es alucinante.

«Estuve viendo el otro día la película *El mayordomo*», informa uno. «A mí no me gustó nada», dice su interlocutor sin que le haya dado tiempo a coger aire y contar qué es lo que opinaba de la película.

Para obtener rendimiento positivo de nuestras relaciones a través de la comunicación debemos prestar atención a lo que nos dicen, preguntar sobre lo que se nos cuenta, dejar nuestro ego a un lado. Yo, mí, me… es agotador. Uno dice lo que le gusta, otro lo que le parece bien y es una sucesión de personas hablando en paralelo. Todas ellas con algo en común, no aprenden nada y quieren que los demás aprendan de ellos.

El buen comunicador se informa, pregunta, vive cada momento en vez de ir pensando lo que va a decir cuando la otra persona se quede sin aire.

Propuesta para comunicadores: aparca tu ego a un lado y pon tus cinco sentidos en lo que te dicen. Ya te tocará hablar. Se aprende mucho más escuchando. Haz que tus aportaciones en la conversación sean algo más que las que se derivan de mí, me, yo[18]. Fíjate bien en el espectáculo egocéntrico en el que vivimos en nuestras conversaciones.

Utiliza cuando puedas, sin que sea de forma gratuita, tus palabras, tus gestos para producir bienestar, placer en los demás. Es gratis y te sentará muy bien.

Ser generoso en la comunicación es eso (sencillo, pero poco utilizado) y mucho más. Como he narrado en las páginas anteriores, la comunicación es una herramienta potente. Cura, forma, motiva, hace feliz... puede producir placer, bienestar.

Ser generoso con la comunicación es utilizarla para hacer que las personas que estén a tu alrededor se sientan mejor.

«Buenos días» contra «Buenos días, pibón» dirigido a tu mujer cuando te levantas.

«Quiero una barra de pan» contra «Quiero una barra de ese pan tan bueno que hacéis».

«¿Estás morena?» contra «Ese moreno te sienta de maravilla».

Mejor primera persona del plural

En el entorno empresarial, una de las críticas más comunes a los jefes es su obsesión por apropiarse de los éxitos y de los equipos.

---

[18] Hoy vengo de una comida en la que uno de los comensales solo sabe intervenir para decir lo que a él le gusta, dónde ha estado él... es un auténtico torpe comunicativo. Evitaré, en la medida de lo posible, sentarme a la misma mesa que él. Es buena gente... pero ¡maldita sea! Es un pesado ;).

El lenguaje es revelador. Estas expresiones —«este es mi gran equipo» (enseñando unas fotos en las redes sociales), «trabaja conmigo» (presentando a un subordinado)— son muy comunes entre los directivos. Esta forma de hablar indica una falta de seguridad por parte del jefe, que tiene que reafirmarse delante de otros, y falta de generosidad. Cambiar la primera persona del singular por la primera del plural genera mejor ambiente, expresa mejor la realidad «somos un gran equipo», «trabajamos juntos». El jefe piensa que su lenguaje no importa porque nadie de su equipo se lo dice, y si se lo dijera es posible que respondiera con un «¡qué quisquilloso eres!», además de que perdería su sensación (errónea) de propiedad.

Y siempre amable

Todos los que leen este libro saben hacer la distinción entre una persona amable y otra que no lo es. Todos los que leen este libro saben lo agradable que es tratar con una persona amable, afectuosa. Pero no todas las personas lo somos y me atrevo a decir que la gran mayoría de las personas estamos lejos de un buen rendimiento en este aspecto.

La amabilidad es una virtud, no una debilidad. La mayoría de las personas no actuamos de forma consciente cuando comunicamos, cuando salimos ¡a escena![19], y qué bien nos encontraríamos y haríamos que se encontraran con nosotros si utilizáramos la amabilidad como una constante en nuestras vidas. Estamos tan habituados a tratar al camarero con displicencia (me vas a traer...), al empleado desde una superioridad (me informas, ¿vale?), al cónyuge, al hijo... conjugando en sucesivos e infinitos imperativos (cogemos el teléfono utilizando el imperativo «dime») que no nos damos cuenta de que un cambio verbal transformaría nuestro lenguaje en uno amable. El cambio de las palabras cambiaría nuestro tono y radicalmente nuestra forma de abordar la comunicación con otras personas.

---

[19] Tomo prestada esta idea del libro de Mercedes Segura Amat ¡A escena!

Hay personas que se sorprenden tanto de que una persona sea amable que se lo hacen saber a través de invitaciones, manifestaciones explícitas, agradecimientos[20].

Eso sí, te tiene que salir de dentro. La práctica continuada te ayudará en ello.

Regala palabras amables

Carles Capdevila[21] decía que la condición humana es patética. Es patética la persona que regala palabras amables a aquellas personas que les infunde temor (en este caso un mal llamado respeto) y trata con displicencia a los que considera menos que él o ella.

«Me vas a traer una cerveza» o «me vas trayendo una cerveza».

El camarero (el o la sirviente) es una persona que aspira a ser tratado con respeto. ¿O le diríamos a nuestro cónyuge «me vas a traer una cerveza»? Es probable que le digamos (si no queremos crear un mal clima): «Cariño, ¿me traes una cerveza, por favor, ya que vas a la cocina?».

Observo lo patético de la condición humana en la forma en la que algunas personas se comunican con su empleada o empleado del hogar.

Observo lo patético de la condición humana en la forma que algunas personas tienen de comunicarse con el conserje de su finca[22].

Observo lo patético de la condición humana en la forma en que algunas personas les hablan a los profesores de sus hijos, como si fueran sus empleados.

---

[20] Desde que decidí ser un profesional de la amabilidad —hace ya muchos años— he sido invitado en numerosos sitios, parado a la entrada del Ave, agradecido en tiendas y bibliotecas...

[21] Carles Capdevila era (falleció en junio de 2017) un periodista, filósofo y sabio de la vida que se especializó en temas educativos. Esta afirmación (sobre lo patético de la condición humana) la grabó en un vídeo sobre los grupos de WhatsApp de padres para www.gestionandohijos.com

[22] Recomiendo leer el libro *La elegancia del erizo* de Muriel Barbery, una novela donde una portera (muy observadora) cuenta sus experiencias con sus vecinos.

O al taxista…

Y observo que esas mismas personas tratan con un miedo y patético respeto a sus jefes, a sus clientes, cambiándoles el tono de voz: las palabras son medidas para no herir su sensibilidad.

Si quieres de verdad ser un buen comunicador lleva la amabilidad allá donde te transportes y haz realidad la frase de santa Teresa de Calcuta, que es la preferida del maestro y amigo Víctor Küppers:

Que nadie llegue jamás a ti sin que al irse se sienta un poco mejor y más feliz.

Y eso lo puedes conseguir fácilmente gracias a la comunicación. A diario.

Cuando te encuentres con alguien con menos posibilidades o ventajas que tú o que esté trabajando mientras tú estás disfrutando, que te esté sirviendo, te sugiero que le trates con mucho respeto, amabilidad y cariño. Verás qué bien nos va ☺.

Sé que a mí me van a tratar bien

Establecí una conversación con un taxista en la que hablábamos de las opiniones que se vierten en las redes sociales. El taxista me habló de cómo le servían las opiniones de otros usuarios:

—Cuando voy a ir a un restaurante, utilizo TripAdvisor y leo todas las opiniones, especialmente las negativas.

—¿Por qué? —le inquirí.

—Porque las positivas no me aportan demasiado. Además, a las negativas relacionadas con el servicio no las hago ni caso.

—¿Y eso?

—Porque sé que a mí siempre me van a tratar bien.

—¿Por qué estás tan seguro?

—Porque siempre que somos amables respondemos con esa misma amabilidad.

Le ofrecí mi mano, le expresé mi admiración.

Recomendación para comunicadores: tus palabras pueden sanar al mundo. Si eres comunicador eres consciente de lo poderosas que son tus palabras. Por eso las cuidas.

12.
Empatía

Un comunicador es necesariamente empático

No hay buen comunicador que no se ponga en el lugar del otro. Esa es la habilidad que proporciona el significado de la palabra empatía o la menos conocida palabra alteridad[23]. Si uno va contando su libro sin atender al interés del interlocutor, al contexto en el que este se encuentra, es probable que la intención del emisor se vea anulada por su propia torpeza.

La empatía comunicativa hay que desarrollarla en dos direcciones y es una prolongación de la generosidad del comunicador:

- Significa ponerse en el lugar del otro a la hora de emitir un mensaje.
- Consiste también —y esto es mucho más difícil— en tratar de ponerse en el lugar de la persona que emite un mensaje cuando nuestro papel es el de receptor del mismo.

El comunicador que no es empático es incapaz de influir en los demás, pero es capaz de destruir relaciones, talento y ejerce de vaca en una cacharrería. La comunicación exige entrar en ese lugar con suavidad y exquisitez al tiempo que puede hacerlo con firmeza.

Propuesta para comunicadores: la psicología aplicada nos permite entender algo más sobre el comportamiento del ser humano. Saber sobre psicología (no jugar a ser psicólogo)

---

[23] Palabra que conocí gracias a Javier Ferrer Alós.

permite que nuestra mente se convierta en más flexible y, por lo tanto, seamos capaces de aceptar versiones de diferentes personas. Eso nos ayudará a saber cómo comunicarnos con nuestro prójimo en función de sus características y no de las nuestras y desencriptar mensajes que nos lleguen en función del emisor.

El cuento del tabaco[24]

Había una vez un par de religiosos, benedictino uno y jesuita el otro, que eran amigos y ocasionalmente se encontraban para charlar. Parece ser que tanto el jesuita como el benedictino eran grandes fumadores y compartían ese problema. Como todos los días debían pasar largos períodos de tiempo en oración en sus respectivos conventos, sufrían gravemente la privación del tabaco. Resolvieron entonces discutir el asunto con sus respectivos superiores y, en la semana siguiente, comunicarse el resultado.

En la reunión convenida, el jesuita le preguntó al benedictino cómo le había ido. «Pésimamente», replicó este. «Le dije al abad: "¿Me da usted permiso para fumar mientras rezo?", y se puso furioso. Me impuso quince oraciones más de penitencia, en castigo por mi atrevimiento».

«Pero tú», refiriéndose al jesuita, «pareces muy contento, amigo mío. Y a ti, ¿cómo te ha ido?», le preguntó el benedictino al jesuita. El jesuita sonrió. «Hablé con mi superior», dijo, «y le pedí autorización para rezar mientras fumo. Y no solo me autorizó sino que, además, me felicitó por mi devoción».

Un bonus que casi acaba con una amistad

Ser comunicador exige gran concentración y alguna pausa. Exige, como hemos visto hasta el momento, ganas, generosidad y empatía. Exige valorar las situaciones y la calidad de con quién nos relacionamos. Hace poco cometí un error grave,

---

[24] Este cuento fue escrito por Quentin de la Bedoyere en su libro *Influencia, poder y persuasión de los negocios*. Tuve la oportunidad de recuperarlo leyendo el blog de Alberto Andreu: www.albertoandreu.com

impropio de una persona que tiene la pretensión de que le publiquen un libro de comunicación (si estás leyendo esto es porque finalmente una editorial confió en que lo escrito aquí podría ser de utilidad).

Un compañero de trabajo con el que tengo una relación de hace muchos años me escribió un correo reclamando una deuda que la empresa mantenía con él. Este compañero es fantástico pero, en ocasiones, no es muy hábil comunicando. Utiliza , sin intención alguna, un tono que puede hacer que el interlocutor se sienta molesto.

En cierta manera, escribo este libro pensando en personas como él o cualquiera de nosotros que necesitamos interiorizar nuestro papel de comunicadores y desarrollar la sensibilidad y habilidades propias del comunicador que nos ayudarán a evolucionar también como personas.

Mi compañero me escribió un correo que me enfadó porque no fui capaz de ponerme en su lugar. Me enfadó que me escribiera un correo en vez de decírmelo en persona, que me lo escribiera un día objetivamente inapropiado, que viniera a decirme que si hubiéramos optado por una solución que él había planteado, todo estaría solucionado. El correo estaba horriblemente escrito, pero el comunicador debe ser capaz de vislumbrar una buena intención, un noble y legítimo objetivo (en este caso, cobrar lo que es suyo) mal ejecutado. El comunicador no busca conflicto (¿para qué?) donde no es necesario (eso no significa que algunas veces sea necesario y conveniente que la comunicación nos ayude a gestionar conflictos. En este caso el conflicto era superfluo).

En esa ocasión respondí sin reflexionar y utilizando palabras que podrían ser hirientes. Así me lo hizo saber mi compañero. Recuperé la cordura empática. Me excusé, le ofrecí cariñosamente alguna recomendación y ambos salimos vencedores de aquella pequeña discusión.

Desarrollar verdadera empatía exige tragarse los errores de uno y ser capaz de salir aparentemente (solo aparentemente) perdedor de muchas discusiones. Por eso hay tan pocos comunicadores.

Cats y *El fantasma de la ópera* empezaron en la sala de un doctor

Gillian Barbara Lynne nació en 1926. Sus profesores no podían con ella: no paraba de moverse en clase, apenas atendía y no cumplía con los estándares esperados de una alumna en un colegio británico.

Sus padres, preocupados, la llevaron a un médico para que pudiera diagnosticar lo que impedía que Gillian fuera bien en el colegio. El médico escuchó atentamente a los padres, que mostraban su preocupación. Una vez concluida esa primera charla, el doctor pidió ver a solas a la *enferma*. La pequeña Gillian escuchó música cuando entró al despacho del doctor. Al oírla, su cuerpo no podía parar, la música la invitaba a moverse... y el doctor le animó a ello. Gillian bailaba para el doctor, mientras este descubría el origen de aquello que los profesores veían como un error de comportamiento.

«Su hija es bailarina... ese es su problema» diagnosticó el doctor. «Llévenla a una buena academia de baile y verán lo bien que funciona».

Gillian Lynne es (así reza su perfil en Wikipedia) una bailarina y coreógrafa famosa por haber diseñado las coreografías de varios musicales icónicos, principalmente *Cats* y *El fantasma de la ópera*. Además de su relación con la danza, ha sido actriz, directora de teatro y directora de televisión.

El médico debió de ser un excelente comunicador: gran escuchador, empático y convincente[25].

La gente está muy mal o es que no se enteran

Seguro que conoces a personas que describen así a la humanidad cuando se trata de analizar un hecho relacionado con un comportamiento social determinado. O quizás tú te reconozcas diciendo un mensaje así. Es una frase que, aparentemente,

---

[25] Puedes ver esta historia en el vídeo de Ken Robinson en TED, el más visto de esta impresionante plataforma de vídeos con 34 millones de visionados: http://www.ted.com/talks/ken_robinson_says_schools_kill_creativity

demuestra una escasa capacidad de empatía con un determinado hecho realizado por otras personas.

Más de 5000 personas creyeron a Ruiz Mateos[26] y le prestaron dinero a través de unos pagarés que anunciaba en la televisión. El fraude fue de cerca de 250 millones de euros. «Eso le pasa a la gente porque quiere enriquecerse fácilmente» (*solo* se pagaba el 8,5 % de interés. Imposible enriquecerse con eso), «la gente es tonta» (conozco a alguna persona muy inteligente que aportó parte de sus ahorros), «todo el mundo lo veía venir» (al menos 5000 personas no lo vieron venir).

En ocasiones nos falta empatía, flexibilidad, ganas de entender al otro sin juzgar.

La gente —como se suele decir— es buena, por lo general. Tiene sus razones. En caso contrario, todos somos gente y si la gente es mala, también tenemos muchas probabilidades de serlo y si la gente es tonta, también tenemos otras tantas papeletas...

Las personas del caso descrito confiaron en Ruiz Mateos, una persona a la que creyeron emprendedora, capaz de volver a montar un imperio económico y que consideraron que en su día la justicia no fue justa con él.

Yo jamás hubiera invertido en esos pagarés, el personaje me parecía (falleció en 2015) diabólico. Pero eso no quita que pueda entender que otros piensen de manera diferente y que sea capaz de entenderles.

Recomendación para comunicadores (especialmente para madres y padres)[27]: solemos decir «no te preocupes», «no te enfades, no pasa nada con eso», «no tiene importancia» cuando la persona está preocupada, le da importancia, le parece que sí pasa algo... Ponernos en el lugar del otro empieza por comunicar y sentir empáticamente «entiendo lo que sientes», «debe de ser difícil», «estoy aquí contigo»...

---

[26] José María Ruiz Mateos era un conocido empresario (o pseudoempresario) español al que le fue expropiado su *holding* de empresas (Rumasa) en 1983. Después de ser encarcelado volvió a montar otro *holding* (Nueva Rumasa).

[27] Idea extraída del libro *La familia, la primera escuela de emociones* de Mar Romera, publicado por Editorial Destino.

Empatía es una palabra que utilizamos con frecuencia y, en ocasiones, en un contexto inadecuado. Hay personas que utilizan indistintamente simpatía y empatía como si fueran sinónimos. La palabra empatía se ha convertido en una de las primeras que utilizamos para definir a una persona a pesar de no tener información suficiente de ella. Es interesante saber más sobre la empatía que, según Daniel Goleman, es una de las fuentes principales para el desarrollo de nuestra inteligencia emocional. El libro de Daniel Goleman, *Focus*, nos muestra que tenemos tres tipos de empatía (el autor lo llama la tríada de la empatía):

- Cognitiva: «Esta variedad de la empatía nos permite asumir la perspectiva de otras personas, entender su estado mental y gestionar, al mismo tiempo, nuestras emociones mientras valoramos las suyas».
- Emocional: «Nos permite conectar con otras personas hasta el punto de sentir lo mismo que están sintiendo y experimentar en nuestro cuerpo el eco de su alegría o tristeza. Es una forma de sintonía que solo puede discurrir a través de circuitos cerebrales automáticos y espontáneos».
- Preocupación empática: «Va todavía más allá y nos lleva a ocuparnos de los demás y ayudarles, en el caso que sea necesario. Se trata de una actitud compasiva».

La empatía, tal como señala Brené Brown, implica generar conexión con los demás. En un supuesto escenario muy negativo para una persona las palabras —dice la experta— poco pueden hacer: lo que consigue mejorar la situación es la conexión.

Advertencia para comunicadores: algunas veces pretendemos consolar a las personas y nuestro consuelo sirve para producirles rabia. No hemos sido empáticos con sus emociones y nuestras palabras les han producido dolor en lugar de reanimarles.

Por ejemplo, si alguien nos hace partícipes de un mal momento, le queremos hacer ver que su queja es injustificada con un «por lo menos tienes esto o aquello y yo no». La persona siente que su preocupación no está siendo atendida y que nos convertimos en víctimas en vez de en compañeros solidarios.

13.
Sensibilidad y estética del comunicador

Un comunicador desarrolla la sensibilidad y su estética

Saber lo que está bien dicho o escrito dependiendo de cuándo y cómo se diga. Saber y entender que dos palabras o frases que aparentemente significan lo mismo no son lo mismo[28] en función de con qué vayan acompañadas (tono, contexto, otras palabras).

Incluso dos palabras significan cosas bien diferentes dependiendo del tono con el que se digan. Una palabra que en el diccionario sería calificada como insulto puede llegar a ser halago en función de cómo se diga y de qué otras palabras vaya acompañada.

Una misma frase cambia su significado en función del momento en el que se diga. Otra frase cualquiera suena mal en boca de alguien y puede sonar de maravilla en boca de otra persona.

La mayoría de las personas no fuimos educadas ni entrenadas en la sensibilidad que se exige a un buen comunicador. La concentración, el adiestramiento en el ensayo-error y la inteligencia intuitiva pueden hacer que desarrollemos este aspecto importante de la comunicación.

Hay personas a las que les cuesta muchísimo utilizar las palabras adecuadas y su forma de comunicar —bienintencionada

---

[28] *No es lo mismo* es el brillante y maravilloso libro de Silvia Guarneri y Miriam Ortiz de Zárate que habla sobre 32 tipos de *coaching* que utilizan la fuerza del lenguaje para el desarrollo del liderazgo profesional y personal. Silvia es una extraordinaria persona y te recomiendo que hagas lo imposible por conocerla.

pero torpe— se convierte en un enemigo insalvable. Se preguntan qué ocurre para no conectar eficaz y amablemente con las personas que les rodean. Si algún buen amigo les alerta sobre lo que transmite su forma de escribir o decir las cosas, es posible que no entiendan de lo que se les está hablando y se sientan desesperadas ante una descripción que, a su juicio, está completamente desajustada.

Si crees que te puede ocurrir eso, sería bueno que intentaras desarrollar al máximo tu capacidad de escucha y preguntar a cuantas más personas puedas sobre cómo suena lo que acabas de decir.

Recomendación para comunicadores: no es imposible escucharnos, aunque es poco habitual que lo hagamos. Solo es posible si nos grabamos en una conversación con otras personas y en diferentes escenarios (amigos, negocios, familia). Quizás descubramos aspectos relacionados con la forma en que ponemos el acento, de una manera inapropiada, al contenido que queremos transmitir. Es decir, que lo que queremos explicar es bien diferente a lo que comunicamos. Descubrir esa «brecha» comunicativa nos permitirá hacer llegar nuestros mensajes de forma más eficaz.

¿Tú qué opinas sobre este *e-mail*?

Imparto clases de nuevas tendencias de comunicación en las que dedico muchas horas a demostrar que, para saber utilizar las nuevas herramientas, hay que ser —hoy más que nunca— un buen comunicador.

Y pongo ejemplos de la vida diaria, como este correo que recibí en período navideño:

Buenas tardes:

En estos días recibirás, como es habitual, *e-mails,* mensajes de WhatsApp, llamadas, *stickers* de Line, SMS comunes y un sinfín de felicitaciones.

Te deseo un PRÓSPERO AÑO NUEVO.

Y si necesitas, para el año 2013, un *partner* para llevar a cabo tus campañas de respuesta directa y comunicación online, somos tu solución. Aprovecho para adjuntarte una pequeña presentación del grupo. ¡Muchas gracias!

Como los alumnos no saben mi opinión, contestan de forma sincera cuando les pregunto qué les parece este correo. Pido que levanten la mano aquellos a los que les parece que está bien y aquellos que piensan que es una auténtica bazofia.

¿A ti qué te parece?

En clase siempre ganan los que piensan que está bien, que ese correo es una aceptable pieza de comunicación.

Una vez concluida la votación hago un largo y deliberado silencio de algo más de medio minuto.

«Este *e-mail* es una auténtica bazofia, un insulto a la sensibilidad y la estética», les digo.

Mis alumnos me preguntan por qué. Una vez les ofrezco mis argumentos, algunos pretenden no perder la conversación y argumentan defensivamente que «es como la mayoría de los *e-mails*» tratando de justificar lo injustificable.

El creador de este mensaje (lo siento, no sé quién eres... me lo enviaste por LinkedIn y a muchos de los contactos que tengo asociados a mi perfil no los conozco, como seguramente les pasará a ellos conmigo) dice una verdad insustancial: recibimos muchas felicitaciones, lo que da a entender, implícitamente, que es una pesadez para quien recibe tantos mensajes en tan corto espacio de tiempo.

Y a continuación, ¡él hace lo mismo!

Y sin solución de continuidad, abrasando al que está harto de correos, como él mismo le dice, hace una propuesta desubicada, descontextualizada, insensible con lo que posiblemente el receptor esté haciendo. Y ya que está, aprovecha para intentar colarte una presentación. Es feo, muy feo. Habrá sido ineficaz pero, eso sí, ha logrado colarse en muchas clases y en un libro sobre comunicación ☺.

14.
Credibilidad y crédito

E l buen comunicador es creíble y es conveniénte que obtenga crédito. ¿De qué puede servir conseguir desarrollar todas las habilidades técnicas y emocionales si no somos capaces de dotar de credibilidad a nuestros mensajes? Nuestro relato tiene que tener visos de poder ser creído, nuestro interlocutor no tiene que tener la oportunidad de creer que le estamos contando un artificio.

Los que creen que van sobrados en su ejercicio comunicativo son capaces de alumbrar argumentos insostenibles pensando que nadie podría pensar que son unos mentirosos (es probable que no lo sean, simplemente son torpes comunicando).

Los que trabajamos en comunicación hablamos de *storytelling*, de la habilidad de narrar buenos o malos relatos. El buen *storyteller* (contador de historias) es capaz de crear un relato que nos permite convencer a nuestros interlocutores sobre la veracidad de nuestros argumentos.

El comunicador debe saber cómo enfocar su mensaje para lograr que su interlocutor se lo crea. Es posible que estés pensando que con decir la verdad ya vale, que peor para el que no se la quiera creer. Debemos saber que las personas que nos escuchan o leen pueden tener cierta prevención ante determinados mensajes a los que no les otorguen credibilidad de forma inmediata. Quizás hayan acumulado experiencias que puedan ayudarles a cuestionarse la verdad de nuestro relato. Piensa en el ámbito de la comunicación empresarial. Las empresas intentan convencer a los mercados y a sus clientes de la bondad de sus acciones, de lo mucho que se preocupan por el bienestar de sus clientes. Los consumidores estamos en estado de alerta, predispuestos a no creernos muchas cosas por culpa de quienes no fueron del todo honrados, por la recurrente exageración o por quienes, creyéndose comunicadores, eran destructores de argumentos. Por tanto, contemos siempre la verdad —si tu compañera de viaje es la ética en el ámbito familiar, amistoso o de empresa— y hagámoslo concienzudamente. Como escribió Baltasar Gracián[29]: «Contar la verdad y saberla contar es multiplicar tu verdad dos veces».

Recomendación para comunicadores: cuando comuniques di la verdad y, además, plantéate que esa verdad que vas a contar tiene visos de ser creída. No te autojustifiques diciendo que a ti con contar la verdad te vale porque tu objetivo no habrá sido cumplido. Tú quieres que tu mensaje se entienda y se crea. Y si no, ¿para qué comunicas?

Un *e-mail* carente de credibilidad

Como seguramente te ocurrirá a ti, recibo mensajes colectivos e intrusivos a través del correo electrónico o una red social. No soy de los que piensan que el correo electrónico sea algo muy personal ni que uno deba alarmarse por utilizar una red social como un medio para comunicarse, de forma directa, con alguien que esté en el círculo de contacto o amistades. Por el contrario, pienso que tenemos la oportunidad de conocer a personas que, de otra manera, no hubiéramos conocido —y si estamos cansados de ser contactados por desconocidos, podemos optar por configurar nuestra privacidad—.

Tanto en el *e-mail* como en las redes sociales se descubre a los que no deben llevar tu próxima campaña de comunicación o a los que están impacientes porque desean que leas su último *post*, en vez de llegar de forma natural y amable hasta tus ojos. Tanto unos como otros llegan a tu buzón de correo, carentes de credibilidad.

---

[29] El aforismo original de Baltasar Gracián es «Saber y saberlo demostrar es saber dos veces». Lo escuché al presidente de la Comunidad de Madrid, Ignacio González, en un vídeo resumen de la cena de Navidad de Dircom: www.dircom.org. Ignacio González acabó en la cárcel. Al parecer hizo cosas muy diferentes a las que pregonaba.

En las siguientes líneas utilizo como ejemplo un *e-mail* carente de credibilidad. Una persona quiere hacerme creer (supongo que como al resto de personas a las que envió este mensaje a través de LinkedIn) que ha encontrado una oportunidad muy especial relacionada con unos vinos y que me quiere hacer un favor[30]:

Estoy enviando esto a todos mis contactos porque ha surgido por casualidad y me parece una ocasión fantástica en las fechas en las que estamos, de cara a los regalos navideños.

Por circunstancias curiosísimas, hemos adquirido una partida espectacular de un magnífico vino a un precio fantástico.

Se trata de una partida de Rioja Remelluire 2005 que, como podéis comprobar en cualquier página de Internet, ronda los 18€ por botella en el mejor de los casos, subiendo a cerca de los 22€ si se compra en la calle al por menor.

Pues bien, como no estamos interesados en quedarnos con toda la partida, se la estamos ofreciendo a nuestros amigos, tanto a los que tienen negocios de hostelería como a los particulares y empresas que quieran tener un detallazo a muy buen precio estas navidades.

Como tampoco podemos, ni queremos, dedicarnos a la venta al detalle de este producto, que no tiene nada que ver con nuestra actividad habitual, lo estamos ofreciendo por lotes: mínimo seis cajas de seis botellas en la Comunidad de Madrid y de doce cajas para el resto, de manera que lo podamos enviar por mensajería a portes pagados.

El precio final por botella, IVA y gastos de envío incluidos, es de 9,57€, es decir, 50,00 € por caja.

No creo que nos duren mucho, de modo que, si tenéis interés, hacédmelo saber cuánto antes.

No os incordio más.

Un abrazo y que tengáis una magnífica semana.

LinkedIn y las recomendaciones mutuas

En este apartado en el que nos hemos parado para hablar de la credibilidad, te sugiero otro ejemplo de lo inútil y dañina que puede ser la comunicación que no es creíble.

---

[30] Por razones de confidencialidad he cambiado el nombre del vino, los precios y nada más. Porque si cambio algo más, se cambia el sentido del correo.

La red social LinkedIn (www.linkedin.com) se ha erigido como la red de los contactos profesionales. Es el sitio donde uno puede buscar trabajo o pedirle a otra persona que le presente a un contacto suyo para intentar venderle algo. Es el sitio adecuado para presentarse en unas pocas líneas y despertar el interés del posible lector. En LinkedIn existe la posibilidad de recomendar profesionalmente a personas que hayan sido jefes, subordinados, compañeros, proveedores, clientes y recibir las recomendaciones de aquellos que fueron eso mismo para uno.

Pues bien, las recomendaciones de LinkedIn perdieron credibilidad en el momento en que las recomendaciones mutuas se prodigaban por doquier. Cualquier persona en su sano juicio entiende que esas recomendaciones no nacen de la espontaneidad, sino de la petición del recomendado al *recomendador*, por lo que acabaron siendo poco creíbles, comunicaciones de poco valor.

Cuidar la credibilidad. El sano ejemplo de un restaurante italiano en TripAdvisor

El restaurante de Florencia (Italia) *Bacca Rossa* saltó a la fama porque su chef, Amerigo Capria, denunció[31] el «regalo» que un bodeguero le hacía para compensar que ya no le iba a dar una caja por cada diez que comprara. El regalo consistía en cinco comentarios positivos en TripAdvisor redactados por un profesional.

Con esta denuncia, el chef cuidó de su dignidad y de la credibilidad de la plataforma de recomendaciones y, por tanto, de los mensajes que otros verdaderos clientes ponemos.

Algunas personas (o empresas) tienen más crédito que otras. Es decir, son capaces de tener un plus de credibilidad cuando hablan con sus interlocutores. Pueden, incluso, hacer cosas que otras no deben hacer porque aún no han obtenido ese crédito.

Haciendo uso de la acepción tercera y sexta de la palabra crédito según la RAE, puedo explicar mejor a lo que me refiero.

---

[31] Puedes ver el artículo de esta noticia en http://cultura.elpais.com/cultura /2012/08/05/actualidad/1344185088_820913.html

3. m. Reputación, fama, autoridad. U. m. en sent. favorable.
6. m. Opinión que goza alguien de que cumplirá puntualmente los compromisos que contraiga.

El crédito, como opinión de la que uno goza sobre los compromisos que contrae, tiene que ver con lo expuesto anteriormente. Es la capacidad de uno para ser creíble. Este caso se ve muy claro en la vida pública donde los espectadores desconocemos, en muchas ocasiones, cual es la verdad, , pero otorgamos un crédito determinado a unas y otras personas en función del cual nos creemos o no sus relatos.

El crédito como reputación, fama y autoridad es el que concedemos a las personas en virtud a una determinada imagen y a sus actos. Ese crédito hace que aquellos que lo tienen puedan hacer cosas que otros no debemos hacer por no haber sido acreedores de esa cualidad. Aquellos que no teniendo crédito quieran comportarse como si lo tuvieran, podrán ofender a sus interlocutores, caer en el ridículo y dar pasos atrás en su posible búsqueda de obtenerlo.

El crédito, tanto en una acepción como en otra, es un activo intangible que cada uno de nosotros deberemos gestionar utilizando, como principal aliada, a la autenticidad.

Recomendación para comunicadores: procura valorar cuál es tu crédito delante de los demás y procura ser modesto y humilde en tu valoración. La autocrítica será la única manera de mejorar. Pregúntate si hay algo que debes cambiar (exageras mucho, dices lo que otros quieren oír, eres poco auténtico), procura hacer algunos ajustes y espera algún tiempo —al menos un año— para volverte a hacer la misma pregunta. El crédito se gana con tus actos continuados, no de un mes para otro.

Esta es mi mesa, ¿cuándo os vais?

Imagínate que estás cenando en un restaurante y el propietario del local te dice la frase que he puesto en el titular de este relato: «Esta es mi mesa, ¿cuándo os vais?».

Supongo que tu reacción sería de gran descontento y quizás de enfado con quien hubiera pronunciado esa frase.

Te pido que sigas en la misma escena, ahora imaginando que en esa misma cena el propietario le dice a uno de los comensales que no sabe comer carne, mete un cuchillo en el plato del cliente para llevar un trozo de carne a una brasa, retirarlo de forma inmediata para a continuación decir «come sin abrir los ojos y dime cómo está». Una vez que el comensal lo degusta siguiendo las instrucciones del propietario del local y muestra su conformidad, recibe la consiguiente reprimenda: «¿No ves?, es que no sabéis comer la carne».

Quizás pienses que el propietario de este hipotético restaurante debe de ser un antipático e impaciente señor dispuesto a cargarse a su clientela.

El propietario del restaurante vuelve a la carga y les dice a los comensales tres veces más: «¿Pero cuándo os vais?».

Los comensales se ríen, disfrutan cada vez que el propietario del restaurante les pregunta sobre cuándo se irán, y también disfrutan del cuchillo y la regañina sobre cómo comer carne.

El propietario de ese restaurante es una persona con mucho crédito y un maestro en la comunicación: Lucio Blázquez, propietario de Casa Lucio.

Lucio se ha ganado el crédito para decirlo casi todo porque su cara, el tono de sus palabras y su historia desprenden placidez, humor, admiración que provoca que el comensal sienta que su visita vale mucho más por el mero hecho de haber podido conversar con él.

Creo que gran parte de su crédito está basado en su capacidad de contar historias creíbles que salen de su boca, de las paredes de su restaurante (en forma de fotografías) y de sus colaboradores, que han desarrollado un estilo que quizás termine —espero equivocarme— cuando Lucio desaparezca[32] (ojalá Lucio viva más que el santo Job).

---

[32] Hay muchos restaurantes que han perdido su identidad en el mismo momento en que quienes los crearon desaparecieron. Como por ejemplo el restaurante *El Olivo* de Jean Pierre Vandelle. Cuando él decidió irse al sur, su restaurante dejó de ser lo que era a pesar de los esfuerzos del equipo que intentó seguir, infructuosamente, la estela de su fundador.

15.
Elige el medio adecuado

Elige el medio adecuado

Puede ocurrir que la comunicación pierda su valor o el mensaje quede alterado como consecuencia de utilizar un medio inadecuado para su transmisión.

No hace tantos años teníamos pocos medios para comunicarnos con otras personas (vernos en persona, teléfono, escribir una carta o postal, mandar un telegrama).

No había ningún medio que nos asegurara la inmediatez en la comunicación. El único que lo podía conseguir era el teléfono, para lo cual la persona con la que queríamos comunicarnos debía estar en el lugar al que estábamos llamando. Dejábamos recados en las casas, en las oficinas. Escribíamos cartas que esperábamos que fueran respondidas en las semanas posteriores.

Todo eso ha cambiado y la inmediatez se ha convertido, paradójicamente y al mismo tiempo, en una ventaja y en un inconveniente, porque esclaviza a gran parte de la sociedad obligándola a estar pendiente de sus variados aparatos, que permiten que cualquiera se comunique con ella al segundo.

Además de esa circunstancia, nuestro papel de comunicadores se ha complicado. Tenemos que elegir el medio a través del cual queremos que llegue nuestro mensaje. Es un asunto de extrema importancia. ¿Elegimos decirlo por correo electrónico? ¿Nos presentamos personalmente? ¿Enviamos un wasap? ¿Le llamamos al fijo o al móvil? ¿Proponemos una reunión en sus oficinas o una videoconferencia? ¿Le mandamos un mensaje de chat a través de Facebook o un DM[33] en Twitter? Cada uno de los medios lleva implícita una determinada carga cualitativa, un «algo» incorporado al mensaje, una posibilidad de que nos expliquemos mejor o peor.

Comunicarnos con nuestros hijos, subordinados, amigos o familiares debería ser más fácil porque tenemos más medios... pero no lo es. A ellos, como a cualquiera de nosotros, les llegan muchos más mensajes que antes y el día sigue teniendo veinticuatro horas. Hacernos un hueco entre todos esos mensajes supone tener que acertar con el contenido, con el canal y el contexto. A esta dificultad debemos añadir que ahora nos comunicamos más veces —correos, WhatsApp, redes sociales, llamadas— sin acabar de entender cómo era posible que el mundo funcionara sin lo que ahora está a nuestra disposición.

Propuesta para comunicadores: el medio puede llegar a ser el mensaje. El valor de lo que quieres expresar cambia en función del medio elegido para canalizar y transportar tus palabras. El número de medios se ha multiplicado con la aparición de las nuevas tecnologías y la decisión de cuál es el medio más adecuado no es nada evidente. Piensa primero cuáles son las cartas de las que dispones y decide cuál vas a utilizar, no lo hagas mecánicamente.

Yo también tq

Un vídeo de Daniel Montes que se ha convertido en un éxito de audiencia en YouTube[34] expresa cómo un mismo guion significa cosas prácticamente opuestas según qué medios se utilicen. El realizador nos propone una discrepancia entre una

---

[33] DM; *Direct Message*: un mensaje que otros usuarios no ven y que solo se comparte con la persona a la que se lo envías. Para que sea posible los dos deben seguirse mutuamente.

[34] https://www.youtube.com/watch?v=Zf-YtUuYCDE

pareja —en uno de los casos— a través de WhatsApp y en el otro caso en una conversación en una terraza de un bar.

Las mismas palabras acaban con la relación de pareja en el primer caso y con un beso en el segundo.

¿Significa eso que siempre funciona mejor la conversación en vivo y en directo?

La respuesta es no. Es, indiscutiblemente, más fácil recoger los matices del tono de nuestro interlocutor y aportar los nuestros en una conversación estando presentes que cuando nos enviamos un mensaje escrito, y menos aun cuando los mensajes son cortos.

Puede ocurrir que lo que queramos decirle a la persona a la que nos queremos dirigir necesite detalle, que no se nos olvide nada y que no seamos interrumpidos. Quizás en esa ocasión es mejor escribir y proponer una reunión posterior.

Las palabras y las frases significan cosas diferentes en función del canal que utilicemos, por lo que conviene tener la habilidad de saber cuál es el medio que debemos utilizar y desarrollarlo a través de la observación y la capacidad empática del emisor del mensaje.

El currículum

—Me quedé en el paro y voy de empresa en empresa entregando currículums.

—Pero… ¡qué paleto eres! Ya no se entregan currículums en las empresas, se envían por correo electrónico.

¿Estarías de acuerdo con esta última afirmación?

La respuesta es: depende.

Si el candidato es camarero (es el caso real) parece que una de las formas más eficaces de encontrar trabajo es, además de enviar el currículum a los sitios virtuales especializados en el sector, entregarlo en mano en restaurantes. Muchas veces surgen oportunidades en el mismo día: un camarero se ha puesto enfermo, ha dejado la empresa, hay un pico de trabajo porque es Navidad…

Entregar, en cambio, currículums en persona para entrar en el departamento de finanzas de una gran empresa es, aparen-

temente, una mala idea que da a nuestro mensaje unas con-
notaciones nada positivas (no tiene cuenta de correo, no sabe
navegar por la web, es poco eficiente o muy nervioso...).

La misma acción (enviar currículums) exige canales diferen-
tes en función de cada caso.

16.
Sinceridad y pasión

«El buen comunicador no destella
cegándonos los ojos, nos ilumina».
Adaptado de una frase escuchada
al sacerdote Rafael Iglesias

Transmite sinceridad y pasión. Transmitir sinceridad y pasión son características del buen comunicador y son, también, generadores de credibilidad. Creo que es interesante separar ambas habilidades: por un lado, ser una persona creíble con un mensaje creíble y por otro transmitir verdad, emoción.

Podríamos decir que el relato creíble es la arquitectura de la comunicación y la sinceridad y pasión con la que representamos ese relato es el alma, el corazón.

Los buenos comunicadores contagian emoción. Cuando relatan, crean expectativas, su audiencia percibe que está allí para recibir un mensaje que importa. Los comunicadores que transmiten sinceridad y pasión también transmiten certeza, verdad.

Pero ¡ojo! La pasión también la utilizan los mentirosos. Muchas de las mentiras con las que se inunda el imaginario colectivo, con las que la sociedad y los medios de comunicación se alimentan, nacieron de una persona que construyó un relato que los espectadores (receptores de la información) nos creímos. La pasión con que se transmite la mentira facilita convertirla en una verdad que nunca será.

Mira y escucha a muchos políticos, ladrones, delincuentes (¡qué pena tener que incluir a los primeros junto con los segundos y terceros!) que te hacen dudar con sus declaraciones, incluso contando con pruebas en su contra, que son aparentemente irrefutables. Son tan malas personas como buenos comunicadores.

También se da el caso contrario. Se trata de la persona que cuenta algo (cierto) que no es creído por su audiencia o pasa inadvertido porque resulta aburrido. En este caso, la falta de habilidad comunicativa es la causante de semejante trastorno (tener un buen producto —el mensaje verdadero— destrozado por la falta de capacidad para transmitirlo).

Recomendación para buenos comunicadores: si además de ser buen comunicador quieres jugar con honradez en la vida, no mientas. Mentir —tal como señala Schopenhauer— es una de las formas de tener razón, quizás la más fácil. Muchas personas, quizás tú te encuentres entre ellas, utilizan el refugio de las mentiras piadosas para excusar su escasa relación con la verdad. Mentimos algunas veces por oficio, con inercia. Erradicar la mentira sería una buena forma de mejorar la sociedad.

«El problema de las mentiras es que la primera cuesta, pero el resto salen solas»[35].

Sobre la sinceridad

Un comunicador queda invalidado cuando su interlocutor percibe que el mensaje que está recibiendo es falso. Transmitir que el mensaje es verdadero y que nace de una verdad es un objetivo importante para el comunicador.

A todos nos gustaría que se nos percibiera como personas sinceras. Incluso el político, ladrón o delincuente con menos escrúpulos pretende que la opinión, el juez y sus amigos le crean y le tomen por una persona sincera.

Curiosamente, hemos desarrollado algunas muletillas que pretenden enfatizar nuestra condición de personas sinceras (ambas son frases prohibidas para un buen comunicador):

---

[35] Del libro *Siempre será diciembre* de Wendy Davies (que en realidad son dos autoras). Premio Angular 2017 de SM.

- «Le voy a ser sincero» o «le contesto con sinceridad», muy utilizadas en las entrevistas por parte de los políticos, que quedan en ridículo cada vez que contestan así (y más si después son pillados de aquella manera).
- «Te voy a decir la verdad» o «la verdad es que...», una muletilla muy extendida que hace presagiar que no se dice toda la verdad. «¿Te lo pasaste bien?», pregunta uno, «la verdad es que sí», responde otro.

Para hacer percibir que somos comunicadores sinceros necesitamos eliminar algunos de los compañeros más habituales de la comunicación[36]:

- Excusas
- Exageración
- Inflexibilidad

Cruzada contra la mentira

La mentira es una de las protagonistas cotidianas de la comunicación. Como antes mencionábamos , Schopenhauer la identifica como una de las 38 maneras de tener razón. ¿Cuántas conversaciones se acabaron o no pudieron progresar por una mentira? Por ejemplo, cuando argumentamos que "mucha gente ha hecho algo" ,pero en realidad solo se trata de dos o tres personas (sí, los tres que conocemos, pero solo son tres), cuando alegamos con seguridad «todos los doctores dicen esto o lo otro» o cuando ponemos una excusa mentirosa para tener razón... En todos esos casos es posible que no tengamos que esforzarnos más para argumentar, o quizás ya no tengamos que reconocer un error o pedir perdón En estos casos estamos contribuyendo a cercenar nuestra capacidad de utilizar la inteligencia para argumentar, a eliminar de la faz de nuestras conversaciones el sincero perdón y, en definitiva, a limitar nuestra relación con los demás. Creo que nadie está interesado en

---

[36] Una idea extraída de la charla TED de Julian Treasure: «How to speak so that people want to listen».

hablar con mentirosos, ni siquiera aquellos que lo son (y que son los que más se enfadan cuando les dices que lo que han dicho no es verdad porque se sienten ofendidos porque les has llamado mentirosos).

Te propongo que hagamos una cruzada contra la mentira. Empezando por ti y por mí, contagiando a nuestros hijos, alumnos, compañeros de trabajo o cónyuges la buena costumbre de decir la verdad. Si alguien utiliza la mentira debe saber que la mentira es ridícula (ya dice el refrán que se pilla antes a un mentiroso que a un cojo) pero que, probablemente, nadie le va a decir lo ridícula que es su afirmación, su excusa, su exageración.

La mentira está presente a diario donde antes había un lugar para la verdad, para la disculpa sincera....

Te propongo algunas escenas cotidianas en la que la mentira es protagonista:

«No hiciste esto» (madre o padre reprochando a su hijo que no recogiera algo)... «¡Ay, se me ha olvidado!», responde el hijo(la verdad es que el hijo lo vio, no le dio la gana recogerlo y sabe que sale del paso utilizando esa excusa-mentira banal. «¿Quién no olvida algo?», se defenderá).

A veces nos cuesta reconocer nuestra ignorancia y preferimos hacer parecer que entendemos lo que nos es, en realidad, desconocido. "Ya, ya,..sí claro que lo entiendo". Preferimos mentir antes que poder ser percibidos como zoquetes.

«No le has llamado» —alguien nos reprocha que no hayamos cumplido con una determinada tarea... «Pensaba que tú le llamarías» (cuando sabemos que esa era nuestra responsabilidad).

Prueba a ir con la verdad por delante, al tiempo que eres un comunicador creíble que transmite sinceridad y pasión.

Cruzada por la pasión. Cruzada por la verdad

El mundo de la empresa y de la motivación ha incorporado muchas palabras que proceden de la religión, aunque no necesariamente tienen el mismo significado en ambos contextos.

La pasión, según la RAE, es: «1. Acción de padecer. 2. Pasión de Jesucristo. 3. Lo contrario a la acción». Y, en cambio, la pasión como emoción la identificamos como «una emoción intensa que se caracteriza por el gran interés por una causa o actividad y por el deseo de conseguir algo o a alguien»[37].

Hay quienes identifican la pasión como la condición necesaria (y casi suficiente) para trasladar eficazmente un mensaje. Creo que la pasión debe nacer desde dentro, en el contenido, y no tanto en la forma. Hay sabios a los que no les hace falta transmitir de forma elocuente para hacerlo con pasión porque lo que saben lo aprendieron apasionadamente, lo aprendieron desde la verdad y la verdad les hace ser capaces de encender una llama que solo está al alcance de los que saben.

Los que no somos sabios debemos conformarnos con suplir nuestras deficiencias de conocimientos con una mayor elocuencia para conseguir que nuestra audiencia nos identifique como comunicadores apasionados.

La pasión es compañera de la generosidad —es una forma de demostrar que uno tiene interés por el otro cuando transmite un mensaje— y de la atención —el comunicador tiene como misión captar ese bien escaso de su interlocutor y del buen vivir—. Vivir con pasión (una pasión vinculada a la emoción, al interés y no al padecer) nos permite, al igual que comunicar bien, vivir mejor.

Propuesta para comunicadores: no te relajes cuando se trate de trasladar un mensaje importante que quieras que llegue al cerebro y al corazón de tus destinatarios. Tu capacidad para transmitir verdad y pasión son tan importantes como tu mensaje. Si has tenido la suerte de desarrollar un buen contenido no dejes que vaya mal acompañado en la forma de expresarlo. Comunica con pasión sin parecer exagerado.

La sinceridad y la pasión para conseguir un trabajo

He tenido la oportunidad de escuchar en entrevistas de trabajo a más de dos centenares de candidatos. Esta experien-

---

[37] Definición recogida de la web *En buenas manos:* http://www.enbuenas-manos.com/que-es-la-pasion.

cia se convierte en una gran fuente de información e inspiración. Los candidatos tratamos (yo también he sido candidato en varias ocasiones) de mostrarnos como un producto atractivo, útil, comprometido, integrable en la organización para quien tiene que tomar la decisión de que sigamos con el proceso o, por el contrario, descartarnos. En muchos de los procesos de selección el candidato utilizará como única herramienta la comunicación (escrita a través de su currículum, verbal y gestual en la entrevista).

Como entrevistador he podido comprobar algunas lagunas que hacen que los candidatos sean menos atractivos. La ausencia de sinceridad cierra puertas dado que genera desconfianza y no permite abrir nuevas posibilidades para descubrir oportunidades que quizás no estaban previstas.

Ana acudió a la entrevista de trabajo sabiendo que no cumplía parte de los requisitos (que la redacción del anuncio decía que eran imprescindibles) pero creía que podía suplirlos con otras habilidades requeridas. Además, tenía muchas ganas de ser la persona elegida.

Llegado el momento de repasar sus capacidades, Ana respondió con sinceridad: «De estas dos cosas que pedís no tengo ni idea, jamás lo he hecho. Es mejor que lo sepas». Finalmente ella fue la persona elegida y atribuye su éxito —entre otras cosas— a su sinceridad. «Sabía hacer muy bien otras cosas que pedían. Quizás el entrevistador pensó que este arranque de sinceridad tan infrecuente era augurio de una relación duradera y que podría aprender lo que me faltaba».

En las entrevistas de trabajo siempre incluyo algunas preguntas que me parecen que pueden ser reveladoras. Una de ellas es «¿Qué es lo criticarías de ti, qué es lo malo de ti?». Los mismos candidatos han respondido anteriormente a la pregunta «¿Qué es lo que mejor haces?». Algunas personas son muy torpes contestando a ambas preguntas y casi la totalidad son poco veraces contestando sobre sus defectos. Las respuestas más comunes —que llegan, normalmente, después de momentos de duda y una sonrisa— son «mi principal error es que soy muy perfeccionista» y «me comprometo demasiado».

Vamos, que el candidato pretende hacer creer al entrevistador que lo peor que tiene es que hace las cosas con mucho detalle y que su amor por el proyecto para el que va a ser contratado puede suponer un hándicap.

Ana optó por decir la verdad transmitiéndola con pasión y triunfó.

Propuesta para comunicadores: reconocer, comunicar las debilidades de uno mismo refuerza el valor, el peso de las virtudes. Reconocer la habilidad o acierto de un adversario refuerza el valor de la crítica.

Los políticos, causa de preocupación

Esta última recomendación para comunicadores no es utilizada por casi ningún político.

Expresar sinceramente que uno se ha equivocado dota a la persona y a su mensaje de cercanía. Todos nos equivocamos y es tan poco frecuente reconocerlo que quien toma la sabia decisión de confesar y disculparse por su error puede conseguir el aplauso y el crédito de quien escucha.

No debe ser únicamente esta la razón que nos conduzca a dar publicidad a nuestro error y anunciar un propósito de enmienda. Ser una persona honrada que no utiliza la mentira como compañera de viaje puede proporcionar desventajas (tener un punto negro en el expediente, pagar las consecuencias del error, sufrir el recuerdo del mal cometido por aquel que no tiene misericordia y exige a los demás lo que no es capaz de exigirse a sí mismo), pero proporciona la gran ventaja de sentirse a gusto con uno mismo.

Los políticos son causa de preocupación. ¿Cómo no lo van a ser? Los que más salen en los medios de comunicación nos han mentido. Todos lo sabemos, ellos lo saben. No recordamos a ninguno de ellos pidiendo perdón sin tapujos (con la excepción del rey Juan Carlos al que no sé si debemos considerar como político), sin peros, reconociendo sus errores, proponiendo un plan para intentar que no vuelva a ocurrir.

Ellos son capaces de decir con tanta pasión una cosa y la contraria. «Respetamos, como no pudiera ser de otra manera, todas las decisiones judiciales» hasta que llega una que no les conviene. Todos ellos han criticado a los jueces. Todos ellos no son dignos de ser llamados comunicadores. Son una decepción para el mundo de la comunicación y para el ser humano.

Su desinterés por ser buenos comunicadores (transmitir sinceridad y pasión) ha hecho que la desafección de los ciudadanos con ellos sea una fuente de problemas para la convivencia y para el desarrollo del propio país. La desafección con la clase política hace que los ciudadanos se sientan desorientados y pensando hacer cada uno la guerra por su cuenta.

¿De qué planeta has salido?

Víctor Küppers es uno de los mejores formadores y conferenciantes que conozco. El discurso de Küppers se centra en la importancia de la actitud positiva para poder vivir mejor en todos los ámbitos.

En su libro *Vivir la vida con sentido*[38] hace referencia a un episodio en el que, después de elegir un hotel para pasar unos días con su familia, se encontró con que la web del establecimiento hotelero no tenía fotografías.

Víctor escribió al hotel, explicando que su mujer no podía elegir el hotel sin haber visto unas fotos antes.

La encargada del hotel les escribió un correo electrónico que corresponde a una comunicadora sincera y apasionada:

Apreciado Víctor:

¡Le voy a ayudar a convencer a su mujer! Es verdad que no tenemos fotos de las habitaciones porque estamos renovando nuestra página web. Le pido disculpas por ello. Al jefe le ha dado por reformar, qué le vamos a hacer. Lo que he hecho es subir a la habitación que creo que mejor les encajaría con los niños y hacer unas fotos con mi cámara personal. Se las adjunto en este

---

[38] *Vivir la vida con sentido* editado por Plataforma Editorial. Otro libro de Víctor Küppers es *Efecto actitud*. Ambos son dos libros muy útiles con los que, además, lo pasarás muy bien.

e-mail. Si a su mujer no le gustan las habitaciones, hablaré con el jefe para cambiarlas ☺. *Si necesita más fotos no tiene más que pedírmelas, es un subir y un bajar. Le esperamos (pronto).*
A su disposición,
Ana
Responsable de recepción

Según Küppers, Ana sale de otro planeta. La mayoría de las personas hubiera elegido un mensaje formal, emplazando a la próxima reforma de la web. La capacidad de comunicación de esta responsable de recepción la hace convincente, diferente. Supongo que estarás de acuerdo con que Ana ha hecho fácil la comunicación.

La mentira es ridícula

He sabido desde hace mucho tiempo lo ridículo que uno queda mintiendo, pero la mejor manera de entenderlo es experimentarlo personalmente, siendo uno el causante de ese ridículo, el mentiroso.

La mentira que a continuación se muestra es innecesaria, viene propiciada por el deseo de salir victorioso de un ahorro inmerecido.

Acudí a comprar unos abonos para esquiar en las pistas de Panticosa y Formigal, en el Pirineo aragonés, en España. Fui con mi hijo mediano y mis dos sobrinos. Tanto mi hijo como yo tenemos derecho a un precio especial por pertenecer a una familia numerosa, mis sobrinos no.

—Hola. Quería, por favor, cuatro abonos para cuatro días.— pedí en la ventanilla

—¿Para Panticosa o para ambas estaciones?— me preguntó la persona que atendía esa ventanilla (cuando se compra en la estación más pequeña, Panticosa, se puede elegir solo esquiar en ella o bien comprar para poder tener derecho a esquiar en las dos).

—Esquiaremos dos días en Formigal y dos días solo en Panticosa.

—Déjeme ver cuál es la mejor manera de comprar sus abonos (hay descuentos por número de días).

—Muchas gracias. ¡Ah! Y somos familia numerosa.— le mencioné acabando el proceso de compra

—Déjeme su carnet.— me pidió

—Aquí está.— le entregué mi carnet

—¿Y la identificación de familia numerosa del resto? —me volvió a pedir

—No tienen, solo uno de ellos— le dije (es la oportunidad de decir la verdad: que solo mi hijo es familia numerosa… pero la mentira hubiera sido descubierta).

—Bueno, pueden dejarme su identificación o su nombre y el próximo día me muestran que son familia numerosa.— la señora me daba todas las facilidades para poder demostrar que realmente todos éramos familia numerosa

—No, no han traído nada.— contesté, ya acorralado por mi estúpida mentira

—Pero cuando vayan a casa la podrán recuperar— (la señora no podía ser más confiada y cariñosa).

—En realidad, los otros dos son mis sobrinos.— tuve que reconocer finalmente avergonzado.

Se produce un incómodo silencio. Pago, se lo agradezco y me despido.

La señora podría haberme llamado la atención, recordarme que era un mentiroso, pero ¿para qué?

No hace falta que nos pillen tan *in fraganti* en una mentira para ser ridículos delante de otros.

Cuando alguien miente nos callamos, asentimos y pensamos en lo ridícula que es su mentira.

¿Queremos que los demás (y nosotros mismos) nos vean (veamos) así?

Me lo imaginaba…

Te propongo otro desafortunado acto de comunicación donde la mentira vuelve a ser protagonista. Uno quiere quedar bien y lo que consigue es todo lo contrario.

Una persona propone un vídeo en un grupo de WhatsApp. Un vídeo que expone una situación aparentemente mágica. El que envía el vídeo comenta en el grupo «¡mirad esto, es alucinante, estoy asombrado, boquiabierto...!». No cabe duda de que el vídeo debe de ser algo excepcional.

Otra persona del grupo le aclara: «Es un truco muy viejo, es completamente falso».

El que ha enviado el mensaje pregunta tímido, en primera instancia: «¿Estás seguro?».

La respuesta inmediata: «¡Claro! Se trata de un efecto visual desarrollado por un científico».

Ante la evidencia de su error, el que ha enviado el mensaje no reconoce que se la han colado, quiere que su inteligencia quede a salvo de posibles comentarios sobre su ingenuidad y dice: «Ya... me lo imaginaba».

Así de torpes comunicadores somos, a veces.

17.
Buen humor

«If you're going to tell people the truth, you'd better
make them laugh. Otherwise, they'll kill you[39]».
GEORGE BERNARD SHAW

«Con el humor se puede decir todo».
FERNANDO TRUEBA

H ay personas que se ríen mucho, pero esto no significa que
tengan buen humor.

El humor es un arma muy potente para el comunicador. Consigue distinguirle, generar un ambiente agradable a su alrededor. Casi cualquiera de nosotros (no a todos, hay quien cree que la vida es un asunto muy serio, tan serio que no tiene sitio para el humor) quiere estar al lado de gente que nos haga sentir el placer de sonreír de forma espontánea con su sentido del humor.

«Pero… ¡yo no soy gracioso! No hago reír ni aunque entrene durante días el mejor chiste del mundo» me dice un conocido charlando sobre el papel del humor en nuestras vidas.

No hace falta ser gracioso, no se trata de contar chistes. Hay gente graciosa con gran sentido del humor y gente que, siendo graciosa, tiene el sentido del humor enterrado.

---

[39] «Si vas a decirle a la gente la verdad, es mejor que les hagas reír, salvo que quieras que te maten».

La habilidad de comunicar con humor forma parte del desarrollo de nuestra personalidad y no de una habilidad técnica.

Es una predisposición del ser humano con respecto a la vida que influye en sus actos de comunicación.

Nadie va a enseñarte, se trata de autoconvencerte de que merece la pena abordar el acto comunicativo con una disposición humorística, de pasarlo bien…, incluso cuando se trate de algún asunto serio. El buen comunicador sabe que esa disposición le da una posición de ventaja con respecto a quien acude sin esa cualidad a la conversación.

Hay quien ha escrito sobre el humor en el proceso de la comunicación. Uno de los primeros fue, en los setenta, George N. Gordon, que enumeraba cinco atributos de la conducta comunicativa: conocimiento, emoción, estilo, humor y propósito e intención. Del humor decía que es una propiedad poco resaltada por los teóricos de la comunicación y que, no obstante, modifica profundamente a las otras propiedades[40]. Cualquiera de nosotros puede confirmar empíricamente esta conclusión del autor.

Esa predisposición del buen comunicador a aliarse con el humor tiene que ver con una conducta vital que nos permite ser más permeables a los mensajes de los demás, dedicar más atención a lo que escuchamos y también a lo que decimos. La predisposición del comunicador a incorporar el sentido del humor hace acompañar nuestras palabras con una sonrisa. Pero aún más importante, el sentido del humor nos ayudar a gobernar nuestras vidas y a facilitar una actitud positiva.

Es posible que el lector haya notado que entre las habilidades del comunicador hemos distinguido una relacionada con la personalidad —el sentido del humor— y otra con habilidades técnicas —comunicar en positivo—. Hay gente con buen sentido del humor que tiene deficiencias técni-

---

[40] Esta referencia bibliográfica la descubrí leyendo la tesis de María Rosa Pinto Lobo (Madrid, 1992) *La influencia del humor en el proceso de comunicación.*

cas a la hora de verbalizar, escribir o comunicar un mensaje de forma que predisponga positivamente al receptor con el objeto de transformar su intención comunicativa en una acción. Esta habilidad técnica la desarrollaremos en un capítulo posterior.

Las disputas, los errores con humor

Todos hemos tenido que enfrentarnos a situaciones donde hemos sido víctimas del error de un tercero o hemos hecho que otra persona sufriera nuestros errores.

La reacción más común es la de criticar, quejarnos por la mala actuación de quien está prestando el servicio y que nos ha perjudicado.

Pero… ¿qué ganamos con ello?

El comunicador con sentido del humor está más dispuesto a perdonar (que es dar: per-donar; *for-give*[41]), a considerar el error como una parte del juego y no como el fruto de la desidia, pusilanimidad o falta de interés de quien esperábamos (y habíamos contratado) un servicio mejor.

En el caso de que seamos los que hayamos cometido el error y la otra persona se enfurezca, nos grite o amenace, sabremos, en nuestro fuero interior, que aun habiendo puesto todo nuestro empeño, no hemos conseguido hacerlo bien. Podemos entender que la otra persona muestre su insatisfacción y quizás nuestra posible aportación de humor pueda ser interpretada de una forma indeseada.

¿Qué ocurre cuando nuestro taxista se equivoca cuando nos conducía a una reunión a la que vamos muy justos de tiempo? ¿Qué podemos hacer cuando el camarero se tropieza y nos echa por encima una jarra de cerveza cuando estamos comiendo? ¿Cómo decidimos tomárnoslo si el amigo ha olvidado que hemos quedado a comer y nos ha dejado más solos que la una (y encima nos encontramos con alguien que con su mirada se apiada de lo solos que estamos?).

---

[41] Idea extraída del libro *Factor H*, de Fernando Botella.

Muchas personas reaccionan quejándose airadamente, son invadidos por la ira y notan cómo su sangre se calienta y su corazón empieza a palpitar con más fuerza y rapidez. Están enfadados, no les cabe un miligramo de humor. Ni siquiera han pensado qué hay detrás de cada uno de esos errores, que puede ser un despiste, un tropiezo, un olvido... pero no mala voluntad. Nada puede cambiar. Llegaremos tarde a la reunión, oleremos a cerveza durante todo el día, almorzaremos solos.

El buen comunicador utiliza el humor para defenderse de sus emociones negativas y para animar o sosegar el mal rato que está pasando el taxista, el camarero o el amigo. A ellos tres les hubiera gustado acertar con el camino, con su habilidad con la bandeja y con su agenda, respectivamente.

Comunicar con humor es una habilidad relacionada con la personalidad que puede cambiar, por sí sola, la comunicación con uno mismo y con terceros.

Claro que vamos al partido

La ironía puede ser un instrumento útil y poderoso para comunicar con humor. Se trata de afirmar en un tono muy seguro lo contrario a lo que realmente estamos comunicando.

En el vídeo «Educar con humor» de Carles Capdevila en el evento de Gestionando Hijos (tan recomendable como divertido)[42] cuenta cómo utiliza la ironía después de un monumental suspenso de su hijo.

—¿Vamos al partido del Barça?— le pregunta el pequeño.

—Claro que vamos al partido. Y después tomaremos unas pizzas.— le responde sarcásticamente y con mucha seguridad su padre.

—Vamos, que no vamos.— concluye el hijo, entendiendo perfectamente el mensaje de Carles.

---

[42] https://www.youtube.com/watch?v=dd_z-pnGKaU | Ese es un vídeo que habla de educación cotidiana que se grabó durante la segunda edición de Gestionando Hijos en Barcelona (4 de julio de 2015).

No dejes de ver este vídeo que es fuente de motivación y comprensión para utilizar el humor de una forma inteligente y en su correcta dosis.

Arte minimalista en el baño de casa

Muchas madres y padres deciden utilizar el enfado como el tono preferido para modificar los comportamientos de sus hijos.

A través de este episodio aportado por un lector de Gestionando Hijos (www.gestionandohijos.com) se ejemplifica cómo el humor puede ser un gran aliado de la comunicación en el hogar:

Llegas a tu hogar, abres la puerta, gritas un alto y claro «¿hay alguien aquí?». No hay ninguna respuesta. Nuestra hija pequeña —17 años— se había ido, ¡cómo no!, a dar una vuelta con las amigas. ¿Estaría todo en su lugar?

Parece que reina la normalidad. No parece que haya nada roto, ella es una buena hija, cariñosa (no siempre, no te vayas a creer), tan responsable como juerguista, excelentes notas, protestona, no le gusta que le enmienden la plana... ¡Ah! y bastante desordenada (lo digo yo, que hasta su llegada era el rey indiscutible del desorden).

Abro el cuarto de baño y mira lo que me encuentro:

Una colección de rollos de papel. Dos acabados y uno en uso. ¡Cuántas veces le he dicho que hay que tirar los rollos de papel que se han terminado!

¿Me enfado? Me sienta mal. No funciona.

¿Me río? Me sienta bien. Y lo mismo funciona.

Así que le mando este mensaje a mi hija:

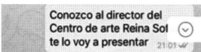

Había que terminar con la secuencia y pensé que su obra artística bien podría mejorarse. Eso sí... ¡en su cuarto!

La contestación no se hizo esperar. Mucho más divertida y amable que si la hubiera llamado enfurecido. Y, por cierto, mucho más educativa.

18.
Comunicar en positivo

Comunicar en positivo implica ir desarrollando habilidades que nos permitan resaltar los aspectos positivos de nuestro mensaje y que induzcan al comportamiento deseado por parte del receptor del mensaje, que podemos ser nosotros mismos.

S abemos que en la antigua Persia existía la figura del mensajero. A aquellos que traían malas noticias se les mataba. En cambio, a los que llegaban con buenas noticias se les daba la mejor comida, bebida y mujeres. Esto nos permite explicar metafóricamente cómo es recibido por parte de nuestro cliente, cónyuge, hijo, alumno o paciente el lenguaje positivo, al contrario que el lenguaje negativo. Y también cómo lo recibe nuestro cerebro.

Sonreírle a la vida y contagiar esa mirada positiva hace que las personas que nos rodean quieran estar con nosotros. Poca gente se siente a gusto con personas negativas, aunque muchas lo sean y piensen que el mundo se ha aliado contra ellos y, por tanto, deban comunicarlo a los cuatro vientos.

La actitud positiva facilitará la construcción de mensajes positivos, pero no el desarrollo de la técnica adecuada. Tener la capacidad de transmitir aspectos positivos de las personas y circunstancias que nos rodean requiere dicha actitud y la habilidad de desarrollar mensajes creíbles que den validez a nuestro reconocimiento o valoración positiva de un hecho cualquiera.

El doctor[43] que es capaz de transmitir confianza en un paciente que tiene como principal dolencia una neurosis que le hace sentirse mal, el profesor que consigue que el alumno vuelva a creer que él sí que tiene capacidades para resolver sus adversidades o es capaz de movilizar al conjunto de la clase para conseguir un objetivo colectivo, el comercial que hace que su cliente sienta que el producto o servicio que está comprando le va a solucionar alguna necesidad que tiene... Todos tienen un denominador en su éxito comunicacional: han hilado un argumento que ha sido expuesto de forma creíble para que su interlocutor observe aspectos positivos de su persona, del entorno, del producto o del servicio.

Desarrollar habilidades de comunicación positiva requiere detectar, en cada caso, las herramientas a utilizar y practicarlas con sinceridad y seguridad.

Propuesta para comunicadores (comunicadores en positivo). Hay algunas habilidades comunes a toda la comunicación en positivo:

a. **Un proyecto siempre empieza por un sí, no por un no. Elimina el molesto «¿por qué no?» por un seguro y alegre «¿qué opinas de?», «¿y si hacemos?». Para estimular la creatividad de tus hijos o de quien te rodee, cambia el «no» o el «sí, pero...» por el «sí y además...[44]».**

b. **No des pena a tu interlocutor creyendo que así puedes estimularle a sentir compasión de ti. Muestra en tu verbo y en tu tono viveza y seguridad. Hay personas que tienen un hilo de voz cuando hablan o utilizan expresiones que procuran mostrar modestia de forma continuada (que es bien**

---

[43] Un ejemplo es el doctor Mario Alonso Puig que descubrió el poder de la palabra en el ejercicio de su consulta en Estados Unidos. Llegó a esa conclusión de forma empírica y esto le condujo a escribir y dar conferenciar sobre ello. Sus libros se venden por centenares de miles y en sus conferencias es capaz de hacer sentir al auditorio bien y con unas energías renovadas de vivir, lo cual es, indudablemente, muy sano.

[44] Esta idea es del neuropsicólogo Álvaro Bilbao, al que admiro mucho (su web www.saludcerebral.com).

diferente de la humildad). Aprovechar la fuerza de la sonrisa y la capacidad de conexión de un tono amable es condición necesaria de la comunicación entusiasta y positiva.

c. Crear en ti mismo y en tu interlocutor la expectativa de que va a salir bien, lo que no significa mentirte ni mentir a otra persona.

d. La mirada es auténtica, no evade ni invade a la otra persona. Es una mirada y una actitud de interés por lo que la otra persona dice (generosidad y empatía).

e. La amabilidad es fuente de confianza y de ambiente positivo en las relaciones. Una aliada de la comunicación en positivo.

Not yet

Supongamos que nuestro reto es reconducir una situación de malas notas en el colegio. El origen del problema quizás se encuentre en la propia utilización del lenguaje a la hora de calificar el desempeño del alumno con la palabra «suspenso» (*failed* en inglés).

Carol Dweck, psicóloga, especialista en motivación e investigadora sobre las razones que conducen a las personas al éxito nos habla de una experiencia en un colegio de Chicago donde la palabra «suspenso» (*failed*) se sustituyó por «todavía no» (*not yet*). Esa utilización positiva del lenguaje lo cambia todo. El alumno está subiendo por la curva de aprendizaje, le ofrece una expectativa que parecía cerrada con el alienante suspenso[45].

Recomendación para buenos comunicadores: la utilización de la comunicación positiva es condición necesaria (quizás suficiente) para la elaboración de un pensamiento positivo que nos permita generar una mentalidad positiva (o de crecimiento, según Dweck) con la que superar adversidades y plantearnos retos.

[45] Este es el enlace de la recomendable conferencia de Carol Dweck en Ted. https://www.ted.com/talks/carol_dweck_the_power_of_believing_that_you_can_improve

El lenguaje positivo no creíble

En el argot de la publicidad se utiliza la palabra *overpromise* para nombrar a aquellos anuncios que contienen una promesa excesiva y, por tanto, no creíble. Se trata, por tanto, de calibrar bien la cantidad de mensajes positivos y no alejarnos de la realidad a través de las palabras que pueden percibirse como una falsa promesa. Podemos llegar, inocente y estúpidamente, a pensar que todo lo que digamos será aceptado, creído a pies juntillas. O podemos dañar a aquella persona a la que inundamos con mensajes positivos hasta debilitarle (el halago debilita, dice el refrán).

Esta vorágine incontrolada de lenguaje positivo ha transformado la educación en el hogar. Las excesivas broncas han sido sustituidas por una sobredosis de adjetivos con los que las madres y los padres califican a sus hijos con el loable objetivo de estimular su autoconfianza. La bronca, la descalificación continua, llega a minar al receptor de los mensajes destruyendo el amor hacia su propia persona, pudiendo llegar a interiorizar que, tal como le dicen repetidamente, no sirven para nada.

Como muchas veces suele ocurrir, acudimos a los problemas con demasiada artillería para destruir los misiles que antes lanzábamos y cargados de una nueva razón que aplicamos sin control. El exceso de mensajes positivos consigue el efecto contrario al buscado, lo cual demuestra, una vez más, que los polos opuestos se tocan. También destruye la confianza de las personas. Los jóvenes *millennials* —los nacidos a partir de mediados de los ochenta— son muchas veces acusados de no ser capaces de soportar cualquier crítica[46].

Han sido muchos padres y madres los culpables a la hora de convertir a sus hijos en débiles torres de cristal que se desmoronan ante el primer toque de atención del profesor universitario o del jefe en el trabajo. Tantos años escuchando «eres el mejor, el más guapo, has fallado pero sigues siendo el mejor, tú

---

[46] Recomiendo ver el vídeo de Simon Siznek «On millennials on workplace» (¡más de seis millones de reproducciones!): https://www.youtube.com/watch?v=hER0Qp6QJNU

podrás hacer lo que quieras porque tienes mucha capacidad» hace que el aterrizaje a la realidad sea más duro y se den cuenta que no son los mejores, que sí importa cuando se hacen mal las cosas y que para conseguir algo no vale con ser quien dices ser. Necesitas esforzarte, mejorar, aprender de tus errores. La realidad no se parece a lo que han escuchado. Esos jóvenes se desmoronan.

Recomendación para comunicadores: utilizar dosis inadecuadas de lenguaje positivo tiene una posible doble contraindicación:

- **Pérdida de valor de la credibilidad del emisor (eso se lo dice a todos).**
- **Dañar al receptor haciéndole interiorizar una realidad inexistente.**

Decir la verdad de forma asertiva, aunque sea previendo un lance negativo, genera credibilidad en el mensaje. El doctor que informa de forma amable (este aspecto es muy importante) a su paciente del dolor que va a sufrir en las curas después de una operación generará confianza y es previsible que prepare a la persona para ese dolor. Incluso puede ocurrir que esa preparación haga que el paciente no perciba tanto dolor haciendo que tanto él como el doctor salgan victoriosos (uno por valiente y otro por hábil).

La comunicación positiva es una habilidad y la sonrisa PanAm

—¡Creo que deberías decirlo de una forma más positiva! —le sugiere un jefe a una persona de su área.

—Yo soy una persona muy positiva, te lo prometo —responde a su superior jerárquico.

Con una mezcla de incomprensión e indignación, la persona en cuestión no percibía que su forma de comunicar tuviera un atisbo de negatividad. El jefe solo le decía que debía decirlo de una forma positiva, pero no concretaba en qué era negativo.

Compartió su inquietud con un compañero que, algo más claro y comunicativo que el jefe, le ayudó a identificar qué es lo que hacía que el jefe (y todos los demás) vieran en él una persona negativa:

—Tu tono de voz transmite dolor, pena, dificultad. Cuando se te pregunta «¿qué tal?» no respondes con un «bien» alto y claro, sino con un «bien» (y eso quizás te parezca suficiente) que por el tono es un regulín, regulán tirando a mal. Siempre tienes un «pero» para todo. Es difícil que haya algo que para ti sea realmente bueno y que lo manifiestes con alegría y lo compartas. Y dos muletillas más que pueden parecer similares, pero no son iguales. Utilizas con mucha frecuencia «¿y si?» y también «es que…». Los compañeros nos reímos cada vez que lo dices…, aunque es bastante deprimente. Tienes, en demasiadas ocasiones, una alerta y una excusa.

—¿Y qué hago?, es lo que siento —dice tan sorprendido como desarbolado, consciente de que no es solo el jefe sino muchos más los que consideran que es un comunicador negativo.

—Olvidar y practicar. Olvida, no pienses en lo dicho en el pasado. Y practica. Transforma tu lenguaje a través de la práctica. ¿Tú crees que las azafatas, los camareros del restaurante o el patinador siempre tienen ganas de sonreír? ¡Seguro que no! Pero todos los días practican hasta conseguir interiorizar que parte de su papel es sonreír. Lo mismo te puede pasar a ti. El cuerpo te pide decir un «es que…», un «pero», un «¿y si?» pero tu inteligencia te dice que es mejor poner un «sí» y una sonrisa en tus palabras y en tu vida.

Información y recomendación para comunicadores: el concepto «sonrisa PanAm» se utiliza para calificar de forma peyorativa a la sonrisa social, falsa. Este tipo de sonrisa se contrapone a la «sonrisa *Duchenne*» en honor al médico francés sin cuyas aportaciones la neurología —a decir de los expertos— no sería igual. La sonrisa falsa contra la sonrisa sincera.

Mejor una sonrisa diplomática que un encogimiento de hombros. Mejor esa sonrisa que un tono triste o pesimista del que la mayoría de las personas huye.

No enseñes tus calzoncillos rotos[47]

A las personas no nos gusta escuchar quejas de los otros. A nuestra mente y a nuestro cuerpo (*mens sana in corpore sano* y también *corpore sano in mens sana*) no le sientan bien nuestras quejas.

—¡Felicidades, qué bien ha salido el evento!

—Ya, ya, pero cuántos problemas y qué difícil es todo. Si tú supieras…

—¡Ay, ay! ¿Y ahora qué te pasa?

Las personas huimos de los quejidos de los demás y nos gusta estar cerca de aquellas personas que son capaces de desarrollar un pensamiento positivo incluso en los momentos de dificultad.

—Isma, ¿qué tal va todo? (mi amigo Isma está en Ciudad de México, en un hospital con un tratamiento de quimioterapia).

—Todo bien por aquí. Estamos esperando a ver qué tal la recuperación. Habrá que esperar veinte días recluso (estará aislado en una burbuja). ¿Sabes? Me gusta la idea de cogernos un pedete cuando salga de aquí ja, ja,ja.

Con Isma voy hasta la muerte. Me encanta hablar con él, sentirle, vivir su espíritu positivo. Seguro que hay momentos en los que se siente mal —también me lo hace saber— pero sabe lo importante que es para él y para los que le rodean (sobre todo para su mujer, la impresionante, divertida y fuerte Paloma, y sus hijos Hugo y Lorenzo). Isma es sincero e inteligente. Nunca enseña los calzoncillos rotos gratuitamente. Si las cosas van mal, te lo dice… pero no se queja.

Esta habilidad se adquiere una vez que uno lo entiende (hay quien piensa que tiene derecho a ver las cosas negativas y a intoxicar a quien se ponga delante), lo interioriza (hay quien lo entiende y está de acuerdo con ello, pero es incapaz de cambiar el tono y el mensaje negativo) y lo practica (y toma conciencia cuando enseña sus sucios calzoncillos rotos).

---

[47] Esta expresión es una creación de Pepe Monserrate que fue el presidente del Grupo Movierecord, empresa de la que fui director general entre 1997 y 1999. Tuve oportunidad de aprender mucho de Pepe y uno de esos aprendizajes fue esta frase-pensamiento que procuro no olvidar nunca.

—Hola, buenos días, ¿qué tal está? (es un cajero de un supermercado).

—Estupendamente, de maravilla.

—Caramba, no es común ver tanto entusiasmo (la clienta que está pagando en ese momento sonríe y el de detrás también).

Recomendación para comunicadores: no enseñes tus calzoncillos rotos. Si lo haces, la gente huirá despavorida y no te vas a dar cuenta de ello. Pensarás que la gente no te quiere o que eres un pobre diablo con muy mala suerte. Pero la realidad es que muchos no querrán contagiarse de tu ánimo intoxicador.

19.
Gran escuchador y preguntador

«Así como hay un arte de bien hablar,
existe un arte de bien escuchar».
EPICTETO DE FRIGIA

E scuchar no es oír. Escuchar es el paso previo para enten-
der y actuar. Existe, como dice el filósofo griego, el arte de
bien escuchar con el que tendremos muchas más posibilidades de
ejercitar el arte del bien comunicar.

«I like to listen. I have learned a great deal from listening carefully.
Many people never listen».
ERNEST HEMINGWAY[48]

---

[48] «Me gusta escuchar. He aprendido un montón escuchando atentamente.
Hay mucha gente que nunca escucha».

Quizás te preguntes por qué he situado esta habilidad —gran escuchador— entre las habilidades técnicas y no entre las habilidades relacionadas con la personalidad. Hay personas muy egocéntricas que encuentran el máximo interés en hablar de «lo suyo». Como te propuse anteriormente, para ser un buen comunicador (y un gran escuchador) hay que ser generoso.

Además, ser un gran escuchador es desarrollar la habilidad de ponerse en el lugar de la otra persona (ser empático, otra habilidad relacionada con la personalidad) y de forma añadida desarrollar la habilidad técnica de procesar, almacenar y actuar en función de la información aportada.

Y para que la escucha sea lo más efectiva e inteligente posible, es conveniente que esa habilidad esté asociada a la capacidad de crear y plantear buenas preguntas que faciliten a nuestros interlocutores darnos la información que deseamos.

Este proceso se ve muy claramente en el ámbito empresarial. Las buenas empresas son capaces de preguntarle al cliente de forma inteligente (datos personales, opiniones), escuchar de forma activa (presencial o virtualmente), recopilar y procesar esa información y transformarla en valor para que la empresa, a la vez que aumenta la satisfacción del cliente, pueda vender más productos en mayor cantidad además de incitarle a recomendar el producto a su círculo más cercano. Todo ese proceso vive hoy una enorme eclosión alrededor del concepto del Big Data. Es buen momento para recordar a Unamuno cuando decía que «con poner motes a las cosas no se resuelve nada»[49] o a Picasso: «Las computadoras son inservibles, solo pueden darte respuestas».

Escuchar y preguntar son dos habilidades interesantes, necesarias y difíciles de desarrollar. Seguro que recuerdas a personas que, una vez te han oído, sacan conclusiones erráticas, absurdas, u otras que preguntan por preguntar con las que quizás se te hayan quitado las ganas de comunicarte porque

---

[49] Cita sacada del prólogo de *Niebla* escrito por el personaje Víctor Goti. Maravillosa novela o *nivola*, como el propio Goti la califica.

sus preguntas son desatinadas, nada atractivas y no merecen respuesta.

Al igual que todas las habilidades que se van exponiendo en este libro, el ejercicio más importante es el de tomar conciencia y revisar, con humildad y autocrítica, lo que hacemos.

Para ser un gran escuchador (y después un gran preguntador) necesitamos hacer un buen uso del segundo y el tercer acuerdo propuestos por el doctor Miguel Ruiz en su fantástico (y necesario) libro *Los 4 acuerdos*[50].

Segundo acuerdo: no te tomes nada personalmente.

Tercer acuerdo: no hagas suposiciones.

Para poder desarrollar nuestra habilidad como grandes escuchadores necesitaremos una mentalidad positiva como aliada, pensando que quien nos habla lo hace con la mejor de sus intenciones y no sintiéndonos atacados por sus palabras. El desarrollo de esta habilidad requiere mucha paciencia, control y una disposición especial. Por lo general, nos tomamos las palabras de los demás con una interpretación que nosotros creemos objetiva, aunque esté cargada de una indudable subjetividad. Nacen valoraciones como «me está despreciando» o «me quiere engañar». Creemos, en definitiva, que nuestro interlocutor se está dirigiendo a nosotros con un objetivo enfocado en nosotros. Esto es vuelta al egocentrismo, ya que nos tomamos las cosas personalmente pensando que los demás se ocupan de nosotros.

La comunicación se contamina o rompe una vez que hemos incorporado las valoraciones propias de tomarnos las cosas personalmente o haber incorporado una suposición («eso lo ha dicho porque seguramente lo está pasando mal en su empresa»; «¿estás seguro de eso?»; «no, lo supongo, pero se ve claro»). Hay personas tan atrevidas que valoran cómo es otra persona solo con verla en la televisión y, por supuesto, se creen capaces de calificar con todo lujo de detalles y seguridad la personalidad de cualquiera de nosotros.

Acuerdo universal: no digas lo que no te gusta que te digan.

---

[50] *Los cuatro acuerdos* del doctor Miguel Ruiz (Editorial Urano) es un libro de sabiduría tolteca.

Iñaki Gabilondo no utiliza papeles cuando entrevista

Uno de los periodistas y comunicadores más importantes de nuestro tiempo es Iñaki Gabilondo. Sus entrevistas, especialmente en la radio, hicieron época. Fue líder de audiencia durante muchos años con su programa *Hoy por hoy* en la Cadena SER. Él era capaz de sacar lo mejor de sus entrevistados. En una entrevista que concedió al programa *La Tuerka*, de Pablo Iglesias, reveló una de sus claves: no lleva papeles cuando entrevista.

¿A que has visto a muchos entrevistadores leyendo la siguiente pregunta que van a formular a su entrevistado mientras este está ofreciendo la respuesta a la anterior? ¿Son buenos comunicadores si no escuchan con atención a su entrevistado? ¿Serán capaces de hacerles las mejores preguntas, las que de verdad interesan, si están mirando a un papel en vez de escuchar?

Iñaki Gabilondo opina que es misión del entrevistador informarse antes de entrevistar, prepararse el encuentro pensando en lo que puede ser interesante para sus oyentes y... ¡escuchar para poder preguntar!

Ya sé lo que me vas a decir

Tal como reza el cartel introductorio a esta habilidad, no escuchamos para entender, sino para responder. Y ese es un problema para la comunicación.

El buen comunicador entiende y comprende lo que le están diciendo para poder hablar de forma inteligente y coherente con lo que el interlocutor ha dicho antes. En muchas ocasiones nos encontraremos a interlocutores que expondrán sus argumentos sin que estos tengan ninguna relación con lo que estamos conversando, argumentando. Será el momento de reconducir la conversación y volver a explicar nuestros argumentos para que sean estos los contestados y no la idea que previamente se había diseñado en la cabeza sin atender a lo que estábamos diciendo.

Pero confesemos: esto también nos ocurre a nosotros. Nos preparamos para hablar antes de que la otra persona haya expuesto sus argumentos. Queremos decir lo que asaltó nuestra cabeza y eso nos convierte en malos interlocutores, en malos comunicadores.

Un momento repetido con frecuencia es aquel en el que mientras uno va argumentando sus ideas, otro va negando con la cabeza e interviniendo prematuramente: «Ya sé lo que me vas a decir» (¡eres muy inteligente! Pero, por favor, déjame decirlo, que necesito mi momento de gloria).

Recomendación para comunicadores: escuchar con atención es muy difícil porque exige mucha concentración y generosidad. Siendo conscientes de esa dificultad es más fácil saber que es un reto interesante para nuestra misión de ser buenos comunicadores.

La atención

Catherine L'Ecuyer[51] es una escritora canadiense afincada en Barcelona que se ha especializado en temas educativos. En unos de sus libros, *Educar en la realidad*, parafrasea a Simone Weil:

> La atención es la forma más escasa y pura de generosidad (…) nos empeñamos en decir que el bien más escaso es el tiempo, pero tiempo hay hoy como siempre lo ha habido. Veinticuatro horas en un día: eso no ha cambiado y no lo hará nunca. Sin embargo, lo que ha cambiado es que no prestamos suficiente atención a lo esencial, a lo importante, a lo que tiene sentido.

A colación de este poderoso pensamiento, permíteme que te proponga algunas reflexiones.

- Queremos ser buenas madres y padres, ¿qué nivel de atención le dedicamos a las palabras, a los gestos de nuestros

---

[51] Catherine L'Ecuyer ha escrito dos libros maravillosos, *Educar en el asombro* y *Educar en la realidad* que creo que a cualquier madre o padre le vendrá bien leer. Ella es, además, una persona encantadora que te presta atención y te transmite paz y serenidad.

hijos? Si queremos comunicarnos con ellos será importante ser excelentes en ese ejercicio.

- Queremos ser buenos jefes y buenos compañeros. ¿Somos capaces de entender las motivaciones de las personas que dependen de nosotros en la empresa? ¿Escuchamos con cariño las opiniones de nuestros compañeros intentando descubrir lo inteligente que hay en ellas y no etiquetando, criticando o simplemente interrumpiendo, no escuchando, compitiendo?
- Queremos ser buenos profesores: ¿cuántas veces no prestamos una delicada y atenta escucha a nuestros alumnos? Los profesores tienen el aliciente añadido de poder ser los protagonistas de la vida de sus alumnos. Escuchándoles con atención, sin etiquetarles —«este niño es bueno, este malo»—, descubriendo sus intereses, esa habilidad que nadie supo estimular a través del reconocimiento.
- Queremos ser buenos ciudadanos, construir un mundo mejor. ¿Cuánta atención prestamos a los que lo necesitan? («Aquellos que son desgraciados no necesitan nada en este mundo salvo gente capaz de darles su atención», decía Simone Weil).

20.
Seductoramente asertivo

L a comunicación tiene, en muchas ocasiones, una intención: la influencia del emisor que se traduce en un comportamiento del receptor.

Si se trata de tu hija o hijo puede ser que te comuniques con ella o él con la intención de que deje de hablarte mal (alta probabilidad de que eso ocurra si es un adolescente). Tus palabras quieren que tu hija o hijo inicie un cambio en su comportamiento.

Si tu interlocutor es tu jefe o un subordinado, quizás quieras convencerle de que te permita irte de vacaciones en unas fechas determinadas o —si es tu subordinado— que haga un trabajo que no estaba previsto y para el que necesitas su colaboración.

Quizás estés hablando con tu cónyuge y quieras que ella o él no se olvide de cerrar una determinada puerta (que para ti es importante, pero para tu cónyuge intrascendente).

O quizás seas un profesor intentando que un alumno en concreto, al que ves potencial pero no eres capaz de convencer, cambie su forma de estudiar.

O tal vez seas un proveedor intentando que tu cliente te pague antes.

Muchas personas utilizan la orden, el imperativo, para provocar un comportamiento en su interlocutor aunque la intención sea intranscendente y carezca de urgencia.

Recomendación para comunicadores: si quieres influir con tu comunicación, procura evitar dar órdenes (hay que darlas

cuando un pacto se ha roto de forma continuada) e intenta seducir con tus palabras. No perderás poder, ganarás eficacia.

Muchas veces escuchamos o decimos «debes ser más asertivo». ¿Pero qué es la asertividad? Extraigo de un vídeo de Jorge Salinas[52] algunas ideas sobre este concepto:

- La asertividad es la llave que abre la puerta a relaciones saludables.
- La asertividad es decir lo que siento y lo que pienso a la persona adecuada en el momento justo, con el máximo respeto a quien nos dirigimos, vigilando el contexto donde comunico, haciéndonos cargo de lo que decimos y (muy importante) sin sentimiento de culpa.
- La asertividad es la herramienta comunicativa que utilizamos para construir relaciones eficaces.

Recomendación para comunicadores: desarrollar una comunicación asertiva significa haber desarrollado seguridad a la hora de decir las cosas que uno piensa y siente respetando al interlocutor y buscando el momento y el lugar adecuados. Para que la asertividad funcione, es conveniente ser seductoramente asertivos.

Ya no hay sitio. ¿O sí?

Voy a contarte una historia que constituye un éxito de comunicación en la vida cotidiana. Nos situamos en un pueblo gallego, Silleda.

A nuestra llegada al pueblo descubrimos que la gran mayoría de la gente que está en la calle se encuentra bajo unas grandes carpas donde, en mesas corridas (de unas cuarenta personas cada una de ellas), comen lacón y otros manjares. Es la fiesta del lacón.

---

[52] Jorge Salinas es uno de los más importantes *coaches* de nuestro país. Presidente de Atesora y Lider-haz-GO! El vídeo al que hago referencia fue grabado para www.miempresaessaludable.com.

Nos acercamos a preguntar si podemos entrar. «Lo siento, ya no hay sitio, es demasiado tarde», nos dice amablemente quien ejerce de director de la ceremonia.

En ese momento la opción más común sería rogar que nos dejara sentarnos, convencerle de que hay mucha gente todavía consumiendo, que cinco personas más no se van a notar entre tantas.

Opción del comunicador seductoramente asertivo: manifestar el interés por compartir esa fiesta (¡qué pena! ¡Cómo nos hubiera gustado compartir la fiesta con ustedes!), mostrar agradecimiento (¡muchas gracias por su explicación!) y seducir (¿dónde cree que podríamos tomar lacón? Viéndoles a ustedes y lo rico que debe de estar todo, ahora a toda la familia le apetece tomar lacón —previamente había ido a informar a la familia de que no teníamos sitio—).

Respuesta: «Pasen ustedes, les preparo una mesa...». Nuestro interlocutor había sentido que no podía dejarnos fuera y que él tenía la llave para que no nos fuéramos del pueblo sin disfrutar de su fiesta (sentimientos de solidaridad y poder).

Es importante indicar que esta aparente maniobra fue hecha con sinceridad y cariño esperando que diera un resultado positivo, pero consciente de que un resultado negativo también hubiera sido aceptado.

Como dice Jorge Salinas, la asertividad es la llave para relaciones eficaces.

Recomendación para comunicadores: seducir es ponerse en el lugar del otro y pensar qué es lo que le gustaría sentir que active un cambio en su comportamiento.

Recalcar no es gritar.
En los correos electrónicos también se grita

Creo que uno de los medios más difíciles para comunicarse es el correo electrónico (y los sistemas de mensajería instantánea como WhatsApp). En este medio solemos escribir como hablamos y leemos como creemos que el que escribe está hablando.

Por eso es tan común que comentemos o alguien comente con nosotros un correo que hemos recibido de alguna otra persona y añadimos el tono que consideramos que le pega bien a ese correo, que no es necesariamente con el que fue escrito.

¿Qué podemos hacer?

a. Ser cuidadosos con lo que escribimos y tratar de evitar algunas frases que utilizamos en nuestro lenguaje oral y que, en función del tono que les demos, suenan muy diferentes.

   «Tal como te dije...» puede ser fácilmente entonado como una frase en la que el que escribe está supuestamente enfadado. «Y tú sabes muy bien...» (no es una frase muy afortunada tampoco cuando hablamos) invita a una contestación de «no sé por qué supones que lo sé...» y la comunicación entonces se lía y se estropea.

b. Utilizar más la conversación oral, vía teléfono, Skype, *hangouts* o presencial. Hay conversaciones que, escritas, tienen poca posibilidad de progresar adecuadamente. Y si lo hacen es probable que exijan un esfuerzo innecesario. Serán conversaciones en las que nos desgastemos, serán ineficientes.

c. Cuidar las formas. Hemos descubierto que las mayúsculas son percibidas como gritos por parte del receptor en muchas ocasiones. Será mejor evitarlas. El lenguaje lacónico, sin emociones, es percibido como enfado. El exceso de emoticonos hace que estos pierdan valor. Los ja, ja, ja continuados —en ocasiones se utilizan indiscriminadamente, en cualquier conversación— hacen que el emisor parezca infantil, poco serio, sin capacidad para articular una frase de forma correcta. Tampoco es bueno recalcar (con mayúsculas, subrayados, negritas) como si nuestro interlocutor fuera tonto. Podemos recalcar si lo advertimos (por ejemplo: «subrayo aquellos conceptos que me parecen más importantes»).

Lo normal es que lo hagas mal,
pero si lo haces bien te cambiará la vida

Esta es la preciosa historia de Quique Ruiz. Le contrataron en una compañía de telecomunicaciones (Airtel) como comercial. Quique vendía cuatro veces más que el segundo clasificado en la lista de mejores vendedores. Lograr vender tanto fue cuestión de una buena estrategia de comunicación personal. Él no estaba mejor preparado técnicamente que otros, no era más guapo, ni alto, no tenía mejores contactos...
Eso sí:

1. Seleccionó a quién comunicar, a quién vender. Mientras sus otros colegas comerciales buscaban fuera, él vendía a los empleados de Airtel, a sus familiares, buscaba prescriptores que a su vez le presentaran más personas.
2. Vendía desde la emoción, con sinceridad y pasión.
3. Era un seductor —amable, generoso, con ganas de comunicar... aplicaba con mucho arte todo lo que has leído en este libro— y muy creativo. Para poder escribirle mensajes a sus clientes aprendió la técnica de escribir al revés para reforzar su mensaje oral. Conseguía hablar y escribir al mismo tiempo, mientras su cliente quedaba sorprendido, embaucado con ese despliegue de mensajes, estilo, tono, sorpresa.

Sus éxitos no pasaron desapercibidos para los jefes de la empresa. Le preguntaron por sus secretos y Quique los compartió con ellos. Le pidieron acudir a una convención comercial.

Aquí viene otro ejemplo de buena comunicación para no olvidar. Quique compartió con su padre la invitación a conferenciar que había recibido del consejero delegado de Airtel. Y su padre le dijo: «Felicidades, es un gran reto. Es normal que lo hagas mal, pero si lo haces bien, te cambiará la vida».

Quique recuerda bien esa frase y lo que hizo con ella: almacenarla, interiorizarla. Trabajar duro para que esa charla fuera un éxito. Afrontar la responsabilidad con serenidad y aceptar el reto.

Su intervención fue un éxito que utilizó la humildad (empezó compartiendo un sueño cumplido: que le invitaran a una convención de Airtel a ser el ponente), la creatividad (utilizó el acrónimo Airtel —Alianza Internacional de Redes Telefónicas—, convirtiéndolo en un mensaje motivacional —Aunque Intenten Retenernos Tendremos El Liderazgo—). Su brillante intervención le cambió la vida: fue nombrado jefe de ventas. Fue un punto importante de una vida personal y profesional plagada de éxitos —de los de verdad— (disfrutar, hacer disfrutar, tener una mujer e hijos maravillosos y orgullosos de él, socios, empleados y clientes satisfechos, una empresa con muy buenos números).

Recomendación para comunicadores: seguro que te has dado cuenta de que hay algunas personas a las que se recuerda con más facilidad que a otras y no es porque tengan una circunstancia física que les haga memorables, es por cómo comunican. Son seductores y asertivos.

21.
No busca conflictos, tampoco los rehuye. Los resuelve

L os conflictos son necesarios, incluso son buenos si sabemos afrontarlos, gestionarlos, resolverlos.

> «He llegado a comprender que todas las desgracias
> de los hombres provienen de no hablar claro»
> Tarrou en *La peste* de ALBERT CAMUS

Es inherente a nuestra condición de seres comunicadores que se produzcan conflictos. Conflictos que tenemos con otras personas o con nosotros mismos. Podemos huir de ellos sin resolverlos, lo que significará que permanecerán allí, haciéndonos daño a nosotros mismos y a las personas con las que tratamos, o podemos afrontarlos y tratar de resolverlos.

No te animo a que busques los conflictos o que escarbes en tus relaciones tratando de encontrar qué es lo que no te gusta, porque es más inteligente y sabio poner el foco en lo que nos gusta de nosotros mismos y de los demás.

Propuesta para comunicadores: el conflicto llegará, aunque no lo busquemos. El comunicador los identifica y los analiza. No los rehúye, los resuelve utilizando de forma inteligente su herramienta principal.

No estar de acuerdo

Los conflictos surgen con frecuencia por disparidad de criterios y opiniones. Dos personas piensan diferente, se enfrentan verbalmente y discuten. Aprender a comunicar en el desacuerdo sin dañar a la otra persona es importante para poder mantener la relación vigente, sin dañarla y destruirla.

Muchos desacuerdos se centran en la persona, no en el pensamiento. Cuando dos o más personas exponen sus argumentos, es habitual que una de ellas exprese su parecer atacando a la persona («no estoy de acuerdo contigo») lo que hace que la persona (no el pensamiento) quiera defenderse posiblemente atacando a la otra persona (no a su pensamiento).

Si, en cambio, manifestamos nuestra diferencia con el pensamiento y no con la persona («no estoy de acuerdo con lo que acabas de exponer») podremos aprovechar para expresar nuestro acuerdo con la persona («estoy de acuerdo contigo, pero no con lo que acabas de decir»).

Recomendación para comunicadores: los conflictos tienen su origen, en su mayoría, en las opiniones, afirmaciones y actuaciones de otra persona. Los conflictos, por lo general, no tienen como fuente a la persona. Es muy recomendable que la comunicación se centre en el hecho, no en la persona.

Los divorcios de buenos (e inteligentes) comunicadores

Un conflicto común es el divorcio. Supongo que la gran mayoría de los procesos de divorcio no son un remanso de paz, que las situaciones de enfrentamiento y estrés se reproducen entre las dos partes.

Hay separaciones que, objetivamente, podrían aparentar ser más conflictivas que otras pero que, en cambio, se resuelven de forma más pacífica, constructiva y saludable.

Unos casos —los sumamente conflictivos, llenos de agresividad, egoísmo, diferencias radicales en torno a una misma realidad— y otros —los que afrontan la discrepancia, la posible ausencia de amor como un problema a resolver, sin que necesariamente tenga que haber vencedor y vencido—.

Un buen amigo me emocionó cuando me explicó cómo se produjo su divorcio (por cierto, ha vuelto después de muchos años con su mujer):

—Querida, te quiero con toda mi alma. Eres la mejor madre que ningún hombre pudiera imaginar para sus hijos. Voy a hacer todo lo posible por que seas feliz, por que vivas como tú te mereces, como una reina. Quiero, debo separarme de ti por... (la razón que sea, el problema que se enfrenta de cara).

No tomes este texto como literal, ni como una adulación interesada. Es una declaración de amor, de admiración, que es compatible —sea el hombre o la mujer— con tomar la decisión de interrumpir la relación. Este hombre es un gran comunicador, tan bueno que su capacidad de persuasión y de atracción puede producir envidias entre aquellos que están situados por encima de él en la jerarquía de la empresa. Es un hombre que sabe, como dice el personaje de Camus, que las desgracias de los hombres vienen por no hablar claro.

En los casos en los que he tenido que escuchar a las dos partes de un divorcio la mentira, la falta de claridad y las acusaciones personales fueron las que predominaron en la comunicación, que generó un tono bronco innecesariamente desagradable para los contendientes y para los espectadores (los de primera fila, los hijos).

Controlar. Olvidar. El perdón sincero

> «Para pensar con claridad en el futuro necesitamos depurar el lenguaje que empleamos para caracterizar las creencias que tuvimos en el pasado».
> DANIEL KAHNEMANN

Son muchos (parejas, socios, hermanos, madres, padres, hijos) los que han tenido conflictos en los que se han llegado a decir cosas que dicen que no podrán olvidar.

Cuando he tratado de ayudar a algún familiar o amigo a restablecer una relación rota por lo que se han dicho, me he topado con esa barrera aparentemente infranqueable. Se me ha dicho: «Leo, te lo agradezco pero no es posible. Nos hemos dicho cosas que jamás podremos olvidar, ninguno de los dos».

De estas situaciones, tantas veces reproducidas en familias y contextos de muy diferentes tipos, podemos extraer algunas conclusiones:

- Decir algo que sabemos que va a herir nos va a herir finalmente a nosotros. Hacer daño hablando solo tiene sentido con el enemigo o con el ser abyecto que merece el castigo de la palabra inteligente.
- Que si otra persona nos ha dicho algo que nos ha herido es probable que lo haya dicho fuera de control. Quizás lo ha pensado, lo ha creído y por eso lo ha dicho. Pero ese proceso lo ha hecho enajenado. Merece la pena olvidarlo.
- Que esa persona merece el perdón: tiene atenuantes. Y si en nuestro caso hemos hecho un uso inapropiado del lenguaje utilizándolo de forma espuria, deberemos utilizar esa misma herramienta y con la misma carga de pasión para pedir perdón.

Recomendación para comunicadores: el comunicador sabe del valor de las palabras, por eso las controla y las cuida. El comunicador tiene empatía, por eso olvida. El comunicador es generoso, por eso sabe pedir y regalar el perdón sincero. El gran comunicador es un ser completo que aprovecha al máximo su herramienta más potente.

22.
Aprender de la experiencia

«Experiencia es el nombre que le damos
a nuestras equivocaciones».
Óscar Wilde

«Bruñir las frases es lo más importante
que tenemos entre humanos».
José Saramago

L a propuesta de lista de habilidades para ser comunicado-
res acaba con esta: aprovechar la experiencia.

Comunicamos muchas veces todos los días. Generamos, por tanto, una gran cantidad de experiencias sobre las que podemos llegar a conclusiones que nos pueden ser de utilidad. Para ello, necesitaremos tener ganas de comunicar, ser empáticos, generosos, sinceros... y muy humildes.

Quien tiene boca se equivoca, dice el refranero español. Hablamos y nos equivocamos. Somos víctimas de nuestros desequilibrios emocionales, de nuestra falta de atención, de la falta de habilidades comunicativas. Podemos aprender de nuestras equivocaciones y convertirnos en expertos procurando convertirlas en éxitos la próxima vez que nos encontremos en un escenario parecido.

Este libro empezaba proponiendo unos principios fundamentales acerca de la importancia de la comunicación. Si estás de acuerdo con la aportación de la comunicación a nuestro bienestar y al de las personas que nos rodean, es momento de que aprendamos mucho y bien de la experiencia.

PARTE 3

CONVERTIRSE EN UN BUEN INTRACOMUNICADOR[53]

«Quien no pueda comunicarse consigo mismo tampoco podrá comunicar con sus semejantes».
ANNE MORROW LINDBERGH

«Cuida tus palabras y tus palabras cuidarán de ti».
LUIS CASTELLANOS

«La manera en la que te tratas a ti mismo es la manera en la que estableces que te traten los demás».
SONYA FRIEDMAN

Va a ser mucho más difícil, quizás imposible, que comuniques bien con los demás si no consigues tener una buena comunicación contigo mismo.

Si tu diálogo interior es tóxico, quejoso, egoísta, poco amable, utiliza palabras negativas, si te cuentas cosas que es imposible que te creas será más difícil que ofrezcas una buena versión de ti mismo.

---

[53] Me permito la licencia de utilizar esta palabra que no forma parte de nuestro extenso y rico vocabulario. Ruego que se me disculpe el atrevimiento, pero fundamento esta aberración en la utilidad de esta palabra compuesta que expresa a la perfección el hecho de estar comunicando con uno mismo. Prefijo procedente de la preposición latina *intra*, «dentro de», «en el interior de...».

Tu subjetividad está condicionada por tu comunicación. Nuestra vida está condicionada por nuestra comunicación, por cómo nos dirigimos a nosotros mismos.

Tu mujer/marido puede envejecer, pero tú puedes seguir viéndole/a realmente guapo/a.

No vas a ir a esa isla a la que tantas ganas tenías de ir y a la que va el vecino del cuarto, que encima es un capullo. Tienes una casa calentita, una familia de primera y buenos libros sin leer.

Pasas por un mal momento, lo reconoces, sabes que depende de ti que puedas salir. No es seguro que salgas... pero depende de ti.

Solo me quedan dos horas. Aún me quedan dos horas

El director creativo de *El Hormiguero* es Jandro. Él ofreció una conferencia a profesores en un evento llamado ¡Gracias, profes! que tuve el honor de crear junto con Antena 3.

Jandro tiene que lidiar con un equipo de creativos y con la necesidad de producir ideas, buenas ideas. Es un trabajo muy difícil en el que la presión es enorme.

Jandro compartió con los asistentes su diálogo interior cuando la presión aparece.

Habló de la distinción entre solo y aún: «"Solo me quedan dos horas y no tengo nada..." o "aún me quedan dos horas". El "solo" te mete presión, el "aún" te da tranquilidad. Con el "aún" me centro en el problema. Con el "solo" meto un problema nuevo».

Pura comunicación interior.

Con el «solo» uno percibe: «La estás cagando... con tan poco tiempo, la cosa va a estar difícil. Saca lo que sea...».

Con el «aún»: «¡Vamos a por ello! 2 horas son 120 minutos que van a ser los mejores».

Comprobar cómo nos estamos hablando

He pasado unos meses malos. Volví de vacaciones y, de forma inmediata, sin solución de continuidad, me incorporé al trabajo. Los resultados en la empresa que he creado estaban siendo malos, la ilusión de antaño estaba desapareciendo y, lo peor, empecé a hablarme mal.

Me levantaba por la mañana: «Mierda… no quiero hacer lo que estoy haciendo. No sé encontrar la solución».

Caminaba hacia el trabajo: «¿Y qué hago? La estoy cagando…».

Preparaba un documento: «Si no voy a conseguir nada. Aunque vendamos esto no salimos del problema, es que no sé hacerlo».

Hablaba con una compañera: «Estoy hasta los huevos, me he metido en un lío y no sé salir de él».

Y lo peor por la noche, mi diálogo interior me despertaba: «Es una mierda, si es que he cometido muchos errores». No podía volver a conciliar el sueño.

Aun peor, no puse remedio y el diálogo se convirtió en un hábito.

Hasta que dije: «¡Basta! Me estoy hablando mal y me estoy haciendo daño». Mi inteligencia me da para reconocer que estaba maltratándome y esto no podía permitirlo. Estaba de mala leche, aunque podía disimularlo razonablemente bien.

Se acabó. Puse a trabar un lema y algunas decisiones:

Lema: Vamos a hacer lo que podamos.

1. Decisiones:

    a. Calculé cuánto tiempo de vida le queda a la empresa y me puse una fecha para tomar una decisión de ruptura en el que incluía intentar vender la empresa.

    b. Siempre pondré por delante mi salud física y mental que la salud de la empresa. Si yo no estoy bien es bastante improbable que la empresa lo esté, pero sobre todo es que no me interesa estar mal.

    c. Recuerda los éxitos logrados (objetivamente hay unos cuantos).

Me hablé bien, fui amable, seductor, incorporé el humor a mi diálogo interior, creí en lo que me decía a mí mismo.

«Quien se toma a sí mismo demasiado en serio deja enseguida de reír, y en ese minuto se hace risible, ridículo ante los demás»[54].

---

[54] *Filosofía mundana.* Javier Goma, Galaxia Gutenberg.

Recomendación para comunicadores: te propongo que compruebes cómo te estás hablando y que intentes crear diálogos interiores con los que disfrutar. Si sufres con ellos es que no te estás hablando (comunicando) bien. La meditación, el silencio, puede ser una herramienta útil en el camino.

PARTE 4

¿CÓMO SOBREVIVIR A UN MAL COMUNICADOR?

E s posible que mientras has leído este libro hayas pensado en alguna persona con la que sabes que ser buen comunicador no funcionará. Sí, es posible que estés pensando en aquella persona —con la que volverás a intentarlo de nuevo después de leer este libro (¡muchas gracias!)— pero casi sabes, de antemano, que no tienes muchas esperanzas en poder convertir tu nuevo rol de comunicador en algo productivo.

Puede ocurrir que tropieces con personas a las que todo lo que digas les parezca mal. En realidad, la vida les parece un mal invento. Tus palabras forman parte de ese mundo negativo, inoportuno.

Podrá ocurrir —esto será más común— que encuentres tedioso ser muy generoso y empático con alguien tan egoísta, egocéntrica que merece en cierta manera su desprecio.

Podrá ocurrir que existan personas que no te interesen nada.

El modo comunicador que te propongo en este libro incluye también tu capacidad de elegir —si es que con esas personas puedes tener esa capacidad— o tu adaptación en función de la persona con la que trates.

Tal como dice Pepe Martínez, en su libro *Los personajes de tu mente*, estamos formados por un conjunto de personajes que aparecen en función de diferentes circunstancias en nuestra vida. Cada uno de nosotros tenemos mayor presencia en nuestra mente de un personaje u otro de los diez que Pepe nos propone, lo cual no significa que el personaje menos predominante no vaya a aparecer en determinadas situaciones.

El buen comunicador toma consciencia de lo que está haciendo en función de con quién está manteniendo su relación. El comunicador puede desarrollar sus habilidades para interrumpir y zanjar una conversación, mostrarse agresivo ante una invasión de su dignidad, severo ante la necesidad de imponer disciplina.

Este enfoque pretende traer a la realidad momentos —excepcionales— en los que la generosidad, la empatía y la sensibilidad no son suficientes compañeras para el comunicador, que nunca pierde la conciencia de su rol.

Puede que estés pensando en ese cliente que parece haberse conjurado para ser infeliz y hacer infelices a los demás. O ese jefe que parece sacado de un bote de vinagre al que la empresa parece darle todo hasta quitarle su vida y pretende que tú hagas lo mismo.

Estudia, analiza a la persona que tanto te afecta y trata de sacar tu versión comunicadora en función de tus intereses. La comunicación inteligente, quizás una amabilidad devastadora, una escucha atenta o un pensamiento positivo pueden cambiar tu vida.

Hay otras personas con las que nos gustaría entendernos bien, pero la comunicación es poco fluida, improductiva, incluso tóxica. Si puedes —no siempre es así—, comparte tus descubrimientos con esas personas con las que notas que la comunicación se está convirtiendo en una barrera insalvable. Enunciar el problema —«hay algo que no funciona en nuestra comunicación»— es una buena manera de intentar solucionarlo. Es probable que la otra persona no esté de acuerdo con tu diagnóstico —«yo creo que nos comunicamos muy bien. ¿Qué has leído?» te puede decir con ironía— dificultando la solución.

Si puedes, aléjate de aquellas personas con las que no necesitas ni quieres estar y que notas que te están haciendo daño. Si no les puedes evitar —a lo mejor es un familiar, tu jefe, un compañero— te propongo ponerte en modelo comunicador y practicar —como si de un juego se tratara— con algunas de las propuestas de este libro.

A medida que practiquemos, lograremos interiorizar y poner a trabajar nuestra herramienta más potente.

Recomendación para comunicadores: no pretendas que porque tú seas comunicador, todos lo deban ser. Acepta que tu conocimiento y tus habilidades no tienen por qué ser conocidas o practicadas por los demás. Quizás el mal comunicador te moleste, te invada, te haga sentir mal. Ponte en modo comunicador y trata de dominar el momento adaptándote a quien es ahora tu interlocutor. Intenta tener controlada la situación aunque tengas que dar por imposible a la persona con la que tratas. Piensa que quizás esa persona no lo haga con mala intención, solo actúa así por ignorancia. Disfruta de tu condición de comunicador sin exigencias, con generosidad.

Regálale este libro ☺.

Bibliografía

Álava, Reyes. *La verdad de la mentira*. La esfera de los libros, 2016.

Aristóteles. *Moral a Nicómaco*. Espasa Calpe, 9ª edición, 1996.

Botella, Fernando. *El Factor H*. Alienta, 2016.

Butler-Bowdon, Tom. *50 clásicos de la psicología*. Sirio, 2008.

Castellanos, Luis. *La ciencia del lenguaje positivo*. Paidós, 2016.

Castellanos, Luis. *Educar en el lenguaje positivo*. Paidós, 2017.

Coca-Cola, Instituto de la Felicidad. 2° informe Coca-Cola de la felicidad, 2009Dutton, Kevin. *Flipnosis o el arte de la persuasión*. RBA, 2010.

Farache, Leo. *Los diez pecados capitales del jefe*. Editorial Almuzara, 2008.

Farache, Leo. *Gestionando adolescentes*. Wolters Kluwer Educación, 2012.

Goleman, Daniel. *Inteligencia emocional*. Kariós 1996.

Goleman, Daniel. *Focus*. Kairós, 2013.

Goleman, Daniel y Senge, Peter M,. *Triple Focus*. Ediciones B. 2018

Guarneri, Silvia y Órtiz de Zárate, Miriam. *No es lo mismo*. Lid, 2010.

Kahnemann. *Pensar rápido, pensar despacio*. DeBolsillo, 2015

Küppers, Víctor. *Efecto actitud.Ediciones Invisibles, 2011*

L'Ecuyer, Catherine. *Educar en el asombro*. Plataforma Editorial, 2013.

L'Ecuyer, Catherine. *Educar en la realidad*. Plataforma Editorial. 2015.

Martínez, Pepe. *Los personajes de tu mente*. Plataforma Editorial, 2013.

Punset, Eduardo. *Excusas para no pensar*. Destino, 2011.

Robinson, Ken. *El Elemento Conecta.2012*

Ruiz, Miguel. *Los Cuatro Acuerdos,Urano* 1998.

Segura Amat, Mercedes. ¡A escena! Ediciones Urano, 2007.

Videografía

«El poder del lenguaje» con Mario Alonso Puig en Motivación y Más http://www.youtube.com/watch?v=cniqFK4lcOc

«Estar equivocado» con Kathryn Schulz http://www.ted.com/talks/kathryn_schulz_on_being_wrong.html

«The power of words» http://www.youtube.com/watch?v=Hzgzim5m7oU

«¡Ey, profesores de ciencias!, ¡háganlo divertido!» con Tyler DeWitt http://www.ted.com/talks/tyler_dewitt_hey_science_teachers_make_it_fun.html

«I had a black dog called depression» https://www.youtube.com/watch?v=XiCrniLQGYc

«How to speak so that people want to listen?» con Julian Treasure https://www.ted.com/talks/julian_treasure_how_to_speak_so_that_people_want_to_listen

Una última reflexión

A medida que fui escribiendo este libro pude ir aprendido sobre el poder de la comunicación en nuestras vidas y la infrautilización que hacemos de ese poder.

Si eres profesor/a o madre/padre de niños o adolescentes, te sugiero que aparques del currículo de tus alumnos o hijos algunas capitales de África, alguna frase subordinada o integral para hacerle un hueco a las habilidades vinculadas a la comunicación.

Los adultos españoles somos, por lo general, bastante malos utilizando las palabras para relacionarnos con los demás y con nosotros mismos. Se nos da mejor la fuerza —buscar desequilibrios en vez de cooperaciones— que no deja lugar a que los vencidos (en forma de compañeros de trabajo, cónyuges, hijos) puedan aportar sus ideas. El que gana en jerarquía es el que gana la conversación, la discusión. Esa es la norma antes de empezar.

Utilizamos mal la comunicación para presentarnos, para exponer una propuesta o simplemente para recordarle a alguien que el correo que enviamos todavía no ha sido contestado.

Utilizamos mucho más la comunicación para reafirmarnos que para crear amor, bondad, algo productivo. Quizás también sea cierto que las palabras expresan claramente los déficits de la sociedad, pero también es posible que palabras mejor utilizadas puedan ser el origen de una nueva sociedad.

Los que en el futuro tendrán que utilizar la palabra para diseñar el mundo que viene traen muchas lagunas. No todos, pero la gran mayoría. Los colegios han dedicado y están dedicando poco tiempo a que los alumnos aprendan a vivir[55].

Los profesores, las madres y los padres deberíamos tratar de enseñar a nuestros alumnos e hijos a saber relacionarse con quienes les rodean y a relacionarse consigo mismos. Pero no, preferimos que sepan la capital de Burkina Fasso antes de entender y ejercer la verdadera empatía, que ambicionen un coche antes que la serenidad.

Cuando te conviertes en un comunicador de ejercicio continuo, que no rutinario, incorporas a tu vida un plus que el resto no tiene. Detectarás al resto de compañeros con cierta facilidad, no hace falta que os digáis nada. Hay personas que vienen con los extras comunicativos de nacimiento (o de educación temprana) y quizás no se percaten de que vienen con ese equipamiento, aunque es probable que la relación con los demás les haya descubierto sus habilidades diferenciales. Otros, la mayoría, hemos tenido que ir descubriendo nuestros errores, ponernos las pilas.

Mientras escribía este libro he podido seguir contrastando que muchos de los grandes problemas que las personas tenemos son inventados. Para estos problemas creados, decididos por nosotros, la comunicación es la compañera ideal, el medicamento más potente y barato.

También aprendí a descubrir que un exceso de voluntarismo es perjudicial. Decirte a ti, lector o lectora, que andas con pro-

---

[55] Este cuento que me hizo llegar mi amigo más antiguo (Siro Palomar, al que conozco desde que nací) sirve para explicar la diferencia entre enseñar y aprender. Una diferencia que debemos tener muy en cuenta aquellos que queremos que nuestros alumnos e hijos aprendan:

Un profesor de Pedagogía les dice a sus alumnos: «He dedicado este verano a enseñar a hablar a mi perro. Está ahí afuera. Si quieren puede hacerles una demostración». Los alumnos salen intrigados a ver al perro, que sestea en el jardín. El perro se comporta como cualquier perro, y desde luego no pronuncia palabra alguna. Los alumnos se dirigen al profesor: «Señor, su perro no habla». Y el profesor contesta: «Yo les dije que había enseñado a hablar a mi perro, no que mi perro hubiese aprendido. No olviden esto en el futuro. Nuestra profesión no es enseñar, sino conseguir que aprendan».

blemas reales, de los que cualquier persona diría que eso sí que es un problema, que la comunicación es el medicamento más potente y barato sería una frivolidad, una falta de educación, de humanidad. Tu problema podrá ser resuelto con un crédito, con química, con mejores perspectivas económicas que creen empleo, con un familiar que te ayude... qué sé yo. Pero sí creo que si pones a la palabra de tu parte, que si cuidas el qué, el cómo, el dónde, a quién le cuentas las cosas y cómo te las cuentas a ti mismo, es probable que en algunos casos te ayude a acelerar la solución.

Las personas más admirables que conozco son, EN SU MAYORÍA, buenos comunicadores, ponen en valor su HERRAMIENTA más potente.

¡Súmate al club! Por el bien de todas y todos.

SI TE COMUNICAS BIEN, VIVIRÁS MEJOR

Ha sido un placer.

Leo Farache
farache.leo@gmail.com

La impresión de este libro, por encomienda de Almuzara, concluyó el 29 de marzo de 2019. Tal día, de 1985, tras 23 años de negociaciones, España llega a un acuerdo con la Comunidad Económica Europea para su integración en esta organización. Una negociación fructífera requiere del buen arte de comunicar.